Isabel Allende:
Vida y espíritus

PLAZA JANÉS

Celia Correas Zapata

ISABEL ALLENDE

Vida y espíritus

PLAZA & JANÉS EDITORES, S.A.

Diseño de la portada: Depto. Artístico Plaza & Janés
Fotografía de la portada: Contact Press Images © Montserrat
  Velando

Primera edición en esta colección: octubre, 1999

Printed in Spain – Impreso en España

ISBN: 84-01-54105-0
Depósito legal: B. 37.515 - 1999

Fotocomposición: Víctor Igual, S. L.

Impreso en Litografía Rosés, S. A.
Progrés, 54-60. Gavà (Barcelona)

L 541050

Índice

Unas palabras
a modo de explicación...

Me han pedido que escriba un prólogo, tarea muy difícil, porque este libro trata sobre mí y más de algún comentario puede parecer petulante. La idea de que se publique un libro cuyo único contenido sean mis recuerdos y opiniones me parece extraña, pues no logro imaginar a quién, salvo estudiantes de literatura apremiados por un profesor sádico, podría interesarle. De modo que de prólogo, nada; pero ya que me entregan estas páginas, aprovecharé para explicar brevemente lo que esta experiencia ha sido para mí.

Hace algunos años, durante una gira de promoción de libros en Europa, me entrevistaron para una revista. Me encontré frente a un periodista, quien a todas luces acababa de graduarse, acompañado de un fotógrafo y dos ayudantes. Instalaron luces y cámaras como si se tratara de retratar al Papa para la posteridad y el periodista —un joven guapo con la camisa abierta y una medalla de oro sobre su pecho tostado por el sol— me hizo la primera pregunta: ¿Qué hace usted? Desconcertada, no supe qué contestar y él aclaró: Me mandaron a entrevistarla, pero no sé quién es usted. ¿Puede decirme qué hace? Caí vencida por uno de esos impulsos irresistibles y le dije que era cantante de ópera. La verdad es que siempre he querido ser una diva y no pude dejar pasar la oportunidad de serlo. Durante treinta minutos hablé de mi brillante carrera como soprano y de las muchas veces que había cantado junto a mi buen amigo Plácido Domingo, por quien, lo confieso, tengo una cierta debilidad romántica: debe ser maravilloso oírlo cantar en la ducha. El periodista condujo nuestra conversación sobre el supuesto de que yo protagonizaría *La Bohème* en La Scala durante la temporada lírica. No sé si se publicó la entrevista y no importa; traigo la anécdota a colación porque la travesura de inventarnos otra vida supongo que se nos ha ocurrido a todos, y cuando Celia Correas Zapata me propuso hacer un libro de entrevistas, se me pasó por la mente el pensamiento fugaz de hacerlo.

Desde que se publicó mi primera novela, *La casa de los espíritus* en 1982, he participado en tantas entrevistas que sería imposible llevar la cuenta, pero tengo la impresión de que muy poco de eso tiene permanencia, casi todo desaparece en el olvido. Poco queda de lo que aparece en un periódico o una revista, en cambio un libro es como una roca, prácticamente indestructible, por eso me tentó la idea de presentarme bajo una luz más favorecedora. Muy pronto, sin embargo, debí descartar esas coquetas intenciones, porque Celia no estaba dispuesta a permitirlas. A diferencia de aquel joven periodista, ella sabe exactamente cuál es mi trabajo y por qué lo hago. Cuando ella definió este libro como una biografía literaria, me asaltaron dos emociones opuestas. Primero que nada, me sentí halagada, ya que lo habitual es que un autor deba morir antes de que alguien se tome la molestia de escribir su biografía, y en el caso de una autora, morir no basta, es necesario haber estado bajo tierra por lo menos un par de siglos. Por otro lado, me pareció que ya todo estaba dicho, no sólo en entrevistas de prensa, sino también en *Paula*, la dolorosa memoria que escribí durante la larga enfermedad de mi hija, entre 1992 y 1993. ¿Qué podía agregar sin caer en la ficción? No temo ser creativa en el recuento de mi propia existencia, como le consta al periodista que me tomó por soprano. Jamás permito que la verdad se interponga en el camino de una buena historia —mal que mal, somos la leyenda que cada uno de nosotros elabora con los propios recuerdos y experiencias— pero todo tiene su límite. No puedo dar rienda a mi tendencia a la inexactitud o la exageración para evitar repetirme o para entretener a unos hipotéticos lectores, porque pueden desmentirme. Son muchas las personas que he conocido a lo largo de mi trayecto que todavía viven y a quienes les sería muy fácil refutarme. El peligro de un proyecto como éste es que pretende aproximarse a la verdad; prefiero la ficción, que se ajusta mejor a la extraña telenovela que en realidad es mi vida —con una familia como la mía no se necesita imaginación para escribir novelas, basta con tomar notas—, pero Celia fue inflexible. Así es como finalmente tuvimos en mi casa un primer encuentro, que no prosperó, porque el viaje de un par de horas en automóvil desafiando el tráfico era mucho para ella. Me ofrecí para ir hasta su casa, pero dado que mi calendario es una pesadilla, le fallé un par de veces y entonces decidimos reunirnos en un punto salomónico, justo a medio camino entre San José y San Rafael. Resultó ser un hotel cerca del aeropuerto de San Francisco, lleno de turistas bulliciosos y con música ambiental, donde la grabación fue un desastre, por eso se nos ocurrió tomar una habitación por horas, como esas parejas sigilosas que escapan del mundo para cometer adulterio en discretos cuartos de alquiler, y así lo hicimos regularmente. Llegábamos en vehículos separados, Celia con un maletín negro de aspecto sospechoso y yo con una botella de champaña, y nos deslizábamos hacia la habitación procurando ser discretas. Nuestras conversaciones siempre eran emocionantes, nos reíamos mucho, es cierto, pero también llorábamos, tanto a veces, que cuando emergíamos de la pieza teníamos los ojos enrojecidos y el maquillaje arruinado. No es de extrañar que los turistas y los empleados del hotel nos lanzaran miradas irónicas, pensando que se trataba de dos abuelas pervertidas, pues no podían saber que el maletín no contenía adminículos eróticos, sino la grabadora, los cuadernos de Celia y mis libros enteramente marcados por las anotaciones suyas. Así pasó un año, juntándonos a intervalos regulares, en largas sesiones, siempre grabadas. Cuando terminaron las entrevistas me sentí expuesta y vulnerable, sentimiento que me es familiar, porque así quedo después de cada libro que he escrito. En el proceso de llegar al fondo de la memoria, que es donde se generan mis libros, voy desprendiéndome de todo y llego al final desnuda. Este libro, en particular, me obligó a hurgar en el pasado, a explicar mis actos como ser humano y mi trabajo como escritora; tengo la impresión de haberme definido en letras de molde y de estar, por lo tanto, atrapada en una versión inmutable de mí misma.

La memoria es tan subjetiva como la imaginación. ¿Dónde termina la primera y comienza la segunda? Son como esas esferas chinas talladas en marfil una dentro de otra, todas del mismo material, cada una independiente, pero imposibles de separar. Con paciencia y delicadeza Celia fue entrando en mis recuerdos para explicar mi trabajo. Su teoría es que mi escritura casi siempre tiene origen en un acontecimiento autobiográfico o en una huella emocional profunda. De pronto una de sus preguntas me confrontaba con una imagen sepultada bajo una montaña de escombros. Así recordé, por ejemplo, la única visión que he preservado de mi padre, cuando yo tenía tres años: sus zapatos y sus pantalones de lino blanco manchados de sangre. Celia fue a Chile a buscar información y habló con personas que me conocieron en diferentes etapas de mi vida. Fue muy extraño oír esas grabaciones, porque no pude reconocerme en ninguna de las anécdotas citadas, como si hablaran de una mujer enteramente extraña para mí. Gracias a Celia, que quiso ver todos los retratos antiguos de mi familia, logré echar mano a unas destartaladas cajas donde mi hija Paula —quien se asignó la tarea de recuperar los vínculos de nuestro clan, desbaratado por los vientos del exilio— guardaba cientos de fotos. ¿Dónde encontró Paula esas fotos? Creo que obtuvo la mayoría de remotos parientes, a los cuales se dio la tarea de visitar uno por uno en Chile, poco antes de caer enferma. Allí, en esas cajas que mi hija nunca compartió conmigo, apareció la única fotografía de mi padre que se salvó de ser destruida hace medio siglo, cuando mi madre anuló el matrimonio y tomó la decisión de borrarlo para siempre de su corazón y de los anales de la familia. La tengo ahora en mi poder y suelo observarla con la curiosidad acumulada en toda una vida de preguntarme cómo era ese hombre a quien le debo la mitad de mis genes.

En esas conversaciones con Celia me reencontré con mis raíces, que son muy parecidas a las suyas. Ambas venimos de mundos similares, de familias tribales, de casas con corredores, de tías ancianas que bordaban a crochet, abuelas que olían discretamente a lavanda o bergamota —sólo las madamas francesas usaban perfume— y cocinas negras de hollín donde hacíamos las tareas de la escuela y bebíamos tazones de cocoa caliente, mientras afuera caía la tarde. A las dos nos marcaron los abuelos, la tradición, un rígido sentido del honor, la religión católica. Las dos nos convertimos en feministas y salimos escapando de la tutela patriarcal apenas pudimos, nos casamos de blanco con el hombre que se suponía adecuado, tuvimos hijos sin pensarlo, pues en esos tiempos la maternidad no era optativa, y veintitantos años más tarde nos divorciamos por razones parecidas. Y a la vuelta de medio siglo, vapuleadas pero aún optimistas, nos encontramos al norte del mundo unidas por la misma pasión: la literatura.

Nuestra amistad se inició a comienzos de la década de los ochenta, según recuerdo, cuando me envió su primera invitación para dar una charla en la Universidad de

San José, donde ella enseñaba *La casa de los espíritus* a un paciente grupo de estudiantes de literatura latinoamericana. Era, posiblemente, una de las pocas personas en Estados Unidos que conocía mi novela, que aún no había sido traducida al inglés. Yo vivía en Venezuela, trabajaba doble horario en un colegio y la idea de cruzar el continente para visitar un lugar tan exótico como California me parecía descabellada, pero las invitaciones siguieron llegando, primero discretamente por correo y después perentorias por teléfono. Tienes que venir, está escrito en tu destino, me decía la señora aquella con su acento argentino y su manera de expresarse entre docta y burlona. Pasaron dos o tres años, hasta que por una de esas vueltas de la vida, en 1987, se presentó la oportunidad perfecta. Ese año mi marido y yo nos divorciamos, todo lo amigablemente que un divorcio puede ser. Habíamos sido pareja por tanto tiempo, que nadie podía imaginarnos como individuos, ni siquiera nuestros hijos. A los cuarenta y cinco años, era evidente que yo tenía pocas esperanzas de «rehacer mi vida», como se decía entonces, dando por supuesto que la vida de una mujer sólo podía ser casada. Para escapar de las miradas inquisitivas de parientes y amigos, acepté hacer un viaje de conferencias que habría de llevarme por una docena de ciudades hasta terminar en San José, al norte de California, donde por fin Celia y yo nos reencontramos. Tanto habíamos hablado por teléfono que ya nos considerábamos viejas amigas y al vernos nos abrazamos eufóricas y empezamos a contarnos intimidades apenas salimos del aeropuerto.

No lo sospechaba entonces, pero esa mujer determinaría mi futuro. Hoy, varios años más tarde, debo darle la razón: estaba escrito en mi destino que debía aceptar su invitación y llegar a California. En agosto de ese mismo año ella había regalado uno de mis libros, *De amor y de sombra*, a un amigo suyo, quien lo leyó durante unas vacaciones y, por cortesía, le mandó una nota diciendo que la novela le había gustado porque «la autora entendía el amor como él», sugerente comentario que intrigó a Celia. Dado que yo andaba por allí, insistió en presentarnos, sin sospechar que ese encuentro me permitiría «rehacer mi vida» y a ella le tocaría el papel de casamentera. Willie apareció ante mí ese mismo día y no nos separamos más. Abandoné todo en Venezuela para quedarme junto a ese gringo con pinta de irlandés, que habla español como bandolero mejicano de película, y al cabo de seis meses logré convencerlo, con cierta dificultad, lo admito, de que nos casáramos. Desde entonces ha pasado mucha vida: han muerto dos hijas, una de él y otra mía; han nacido cuatro nietos; en la familia hemos tenido amores, divorcios, alegrías, éxitos y dolores; he escrito varios libros que Celia, con lealtad hacia mí e implacable determinación pedagógica, enseña a sus alumnos. Y a pesar de los muchos sobresaltos —o tal vez gracias a ellos— Willie y yo seguimos juntos porque ambos «entendemos el amor de la misma manera».

Celia y yo somos amigas a la antigua. Nos llamamos por teléfono para contarnos secretos, quejarnos, darnos consejos que la otra no escucha y reírnos como dementes por chistes que nadie más encuentra graciosos; también nos juntamos para tomar té con pasteles y acumular en una hora todas las calorías que hemos ahorrado durante el resto del mes. Y a veces nos encontramos para llorar en silencio, porque a las dos nos han tocado en suerte algunas pruebas grandes, de esas que no requieren palabras, sino lágrimas. Si tuviera que precisar, diría que la característica de nuestra relación es la risa y el llanto, que surgen espontáneos, incontrolables, y nos dejan limpias por dentro. Fue idea suya crear becas en memoria de mi hija Paula para estudiantes de bajos ingresos; fue ella quien me sugirió hacer una fundación para ayudar a niñas y mujeres de alto riesgo; es ella, junto a mi madre, quien revisa mis manuscritos, porque es la única capaz de descubrir al primer vistazo las repeticiones o incongruencias, ya que conoce mi trabajo mejor que nadie.

La experiencia de explorar la propia vida es muy interesante, supongo que por eso hay tantos adictos al psicoanálisis. Son raras las oportunidades —excepto en terapia o en un confesionario— en que disponemos de tiempo y permiso para observarnos, revisar el pasado, trazar los mapas del camino ya recorrido y descubrir cómo somos. Por lo general nos vemos de modo diferente al que otros nos ven. Aprendemos temprano a usar máscaras que cambiamos con tanta frecuencia, que ya no somos capaces de identificar nuestro propio rostro en el espejo. Estas largas entrevistas con Celia me obligaron a detenerme y reflexionar sobre mi destino y mi trabajo. La escritura es para mí un intento desesperado de preservar la memoria. Soy una eterna vagabunda y por los caminos quedan los recuerdos como desgarrados trozos de mi vestido. Escribo para que no me derrote el olvido y para nutrir mis raíces, que ya no están plantadas en ningún lugar geográfico, sino en la memoria y en los libros que he escrito. A menudo, al buscar inspiración ante la página en blanco, cierro por un instante los ojos y vuelvo a la cocina de la casa donde me crié y a las extraordinarias mujeres que me formaron: mi abuela, quien me enseñó a leer los sueños; mi madre, quien todavía me obliga a mirar los acontecimientos por detrás y a la gente por dentro; las viejas empleadas que me transmitieron los mitos y leyendas populares y me iniciaron en el vicio de las radionovelas; mis amigas feministas que en los años sesenta conspiraban para cambiar el mundo; las periodistas que me dieron las claves del oficio. De ellas aprendí que la escritura no es un fin en sí mismo, sino un medio de comunicación. ¿Qué es un libro antes que alguien lo abra y lo lea? Sólo un atado de hojas pegadas por el canto... Son los lectores quienes le soplan el aliento de la vida.

En el mejor de los casos la literatura intenta dar voz a quienes no la tienen o a quienes han sido silenciados, pero cuando escribo no me impongo la tarea de representar a nadie, trascender, dar un mensaje o explicar los misterios del universo, simplemente trato de contar en el tono de una conversación íntima. No tengo respuestas, sólo preguntas, siempre las mismas preguntas que, como fantasmas, me acosan. La escritura es un trabajo lento, silencioso y solitario. Cada libro es un mensaje lanzado en una botella al mar, no sé qué orillas alcanza ni en qué manos cae. Escribo a ciegas y es siempre una sorpresa estupenda recibir cartas o abrazos de entusiastas lectores, significa que alguien ha leído mis páginas, que no se las tragó el mar. ¿Por qué escribo? No lo sé. Para mí es una necesidad orgánica, como el sueño o la maternidad. Contar y contar... es lo único que deseo hacer. La escritura da forma a la realidad, crea y recrea el mundo. Según la Biblia, al comienzo fue el verbo, la palabra. Dios dijo: que se haga la luz, que se separen las aguas de la tierra. Antes de la palabra había confusión, turbulencia, sombras. Esta metáfora describe el mundo anterior al arte del lenguaje y la escritura: todo era confusión, turbulencia, sombras. Antes de la palabra el acontecer humano caía en el olvido, no podíamos transmitir la experiencia o el conocimiento, expresar sentimientos, narrar nuestras circunstancias, explicarnos a los demás; antes del verbo no había historia. Así ha sido también en mi vida: antes de encontrar el camino de la literatura sólo había confusión y olvido. La palabra escrita me ha salvado de una existencia banal.

En el proceso de explicar mi trabajo a Celia, me vi obligada a explicar también mi personalidad y mis actos. Descubrí, para mi sorpresa y contento, que hay coherencia entre mis ideas, mis novelas y la forma en que he conducido mi vida. Eso explica, imagino, que finalmente haya encontrado cierta paz. En una sesión Celia me preguntó si me falta algo por hacer, si tengo ambiciones insatisfechas, rencores o deudas emocionales pendientes. Le dije que necesitaba tiempo para pensar la respuesta. Durante dos semanas, hasta que volvimos a encontrarnos, medité cuidadosamente sobre ello y llegué a la conclusión de que todo está hecho y dicho, que no cargo con peso alguno, que deseo muy poco y que puedo, por lo tanto, vivir sin temor. Comprendí que me mueven las mismas pasiones e ideales de la juventud; he perdido la inocencia que tenía antes del golpe militar en Chile, cuando experimenté la dimensión de la violencia que siempre pende sobre nuestras cabezas, pero sigo creyendo en la sorprendente capacidad humana para hacer el bien. Ya no soy ingenua, pero no me he vuelto cínica. Estoy satisfecha de la forma en que he conducido mi vida, porque no me acuerdo de haber actuado con mala fe. Me gusta mi vida, en realidad no quiero ser una diva ni cantar en La Scala con Plácido Domingo, prefiero mi mundo de espíritus literarios. También descubrí que he hecho las paces con la muerte de mi hija y otras pérdidas formidables que han marcado mi camino. Y confirmé la lección más importante aprendida a lo largo de mi aventurero destino: que lo único que se tiene es el amor que se da.

ISABEL ALLENDE

Introducción

*Pero para fundarte
necesito tenerte.
Tu fundamento real es mi palabra
Valle del Paraíso.*

GONZALO ROJAS

A los tres años, Isabel Allende hace su entrada en Chile, por el puerto de Valparaíso, ciudad de altas colinas y calles desparejas que van a dar al mar. Viene a bordo del *Aconcagua*, de la Compañía Sudamericana de vapores, procedente del Puerto del Callao, en Lima, pegada a su madre que lleva en sus brazos a Juan, el hermano enfermizo que no cuenta más de dos meses de vida, mientras Margara, la criada, carga con Pancho, de año y medio. Entre la bruma del puerto y las sirenas de los barcos la niña, con su abrigo rosa y capota con lazos de seda del mismo color, se habrá sentido deseosa de que su madre la alzara también a ella en brazos para protegerla de los chirridos agudos de las grúas, los guinches y los remolcadores descargando mercadería.

Sin saberlo la niña, su madre viene huyendo del abandono y el desamor de su esposo, Tomás Allende, secretario de la embajada de Chile en Lima, cuya misteriosa desaparición parece estar ligada a rumores de un escándalo entre funcionarios diplomáticos de alto vuelo. La madre, Francisca Llona Barros, por todos conocida como Panchita, mujer de gran belleza y dotes artísticas, se había casado con Allende en contra de la voluntad de su padre. La niña contará después en *Paula* los tempranos sentimientos de responsabilidad que se despiertan en ella intentando apaciguar el dolor de su madre. En esa época nació entre ambas un lazo estrecho de comprensión que los años sólo logran apretar más, aumentando con el amor un respeto casi sagrado por lo escrito, y la necesidad de compartir la obra creadora de Isabel en todas sus etapas, una secreta complicidad para sobrellevar juntas los mejores momentos y también los más tristes.

Panchita es mujer sensible, «de masa blanda por fuera con una armazón de acero por dentro», por autodefinición. Los lectores y el público de Isabel se han acostumbrado a pensar que su madre está sentada con un lápiz rojo entre bambalinas, corrigiendo los manuscritos de su hija, como si fuera una broma corriente en el repertorio fantástico de la autora chilena. Lo cierto es que Panchita puede existir como artista y escritora por derecho propio. Unida a Ramón Huidobro, diplomático de carrera —el tío Ramón de Paula, padrastro de Isabel— con el que Panchita Llona lleva más de cincuenta años de convivencia, ha recorrido el mundo occidental en calidad de esposa de embajador y consulesa, consejera y editora sin portafolio en las delegaciones diplomáticas de Chile. Maneja con acierto la palabra justa que Juan Ramón Jiménez le pedía implorante a la inteligencia, virtud que empieza a revelarse en el género epistolar cuando escribe a su madre a Chile desde Perú. Después escribirá a su hija Isabel desde Europa, y finalmente, desde que la situación política obligó a sus tres hijos a marcharse —«Chile los aventó», afirma Panchita— no ha dejado de escribirse con Isabel, Pancho y Juan, radicados en distintos puntos del continente.

Como madame de Sevigné y su hija, las dos aprendieron a escribir a través de los viajes y exilios, acendrando el talento literario por la lejanía y la nostalgia. El género epistolar, privado y espontáneo, es quizá la más antigua y menos reconocida de las artes literarias permitidas a la mujer.

Panchita Llona dice que cuando se enteró de que llevaba a su primer hijo en el vientre, supo que sería una niña. Desde ese momento empezó a nacer entre ellas una comunicación singular. Apenas puso los ojos en la recién nacida en el hospital de Lima, equipado con los mayores adelantos de la ciencia, sintió la confirmación del entendimiento intuido durante el embarazo. Junto al natural amor entre madre e hija, fue creciendo entre ellas una aceptación mutua, una ternura incondicional, «un sentimiento mágico», reitera la misma Panchita. Ni la inevitable rebeldía de la adolescencia, con la secuela de cuestionamiento a la autoridad, manifiestas también en Isabel, tocaron a la madre.

Las cartas que Isabel escribió a su madre a Europa fueron providenciales. Delia Vergara, amiga de Panchita y futura directora de la revista femenina *Paula*, las leyó por casualidad y quedó impresionada por el sentido del humor de la autora. *Paula*, publicada por primera vez en Chile, Uruguay, Venezuela y México en los años sesenta se inicia con Isabel como redactora de la columna de humor. A pesar de ser la única periodista sin título de las cuatro empleadas, la popularidad que alcanzó su columna bastó para establecerla como escritora de ley.

El exilio en Venezuela a mediados de los setenta reunió a las dos familias chilenas en el mismo edificio de apartamentos: Isabel, su esposo Miguel, y sus hijos Paula y Nicolás en un piso; Panchita y el tío Ramón, en otro. Cuando Panchita leyó *La casa de los espíritus* por primera vez, se dio cuenta que había nacido una gran obra. Allí no había material para una sola novela, sino para tres. Después de intentar sin éxito que las editoriales de Venezuela se interesaran en el libro, Panchita escribió a Editores Javier Vergara en Buenos Aires, cuyo editor y su esposa, amigos suyos desde hacía muchos años, rechazaron la novela, pero recomendaron a la agencia literaria de Carmen Balcells en Barcelona. El escritor y periodista argentino Tomás Eloy Martínez les dio la dirección posteriormente. «Buscamos un chasqui, como le llamo yo a un mensajero —cuenta Panchita— para mandar el manuscrito a España, y entre Isabel y yo no llegábamos a juntar el dinero suficiente para el correo.» Isabel tuvo la buena idea de llamar a Carmen por teléfono desde Caracas. Las ediciones que se hicieron el mismo año de la publicación de la novela, 1982, bastaron para cubrir los gastos del flete del primer manuscrito y de todos los manuscritos del porvenir.

Panchita, aparte de escribir con elegancia, pinta, afición que también comparte con Isabel. «Siempre creí que Isabel sería pintora antes que nada», comenta su madre; opinión que comparten las amigas chilenas de Isabel. También se atrevía a diseñar sus propios vestidos. Isabel colocaba la tela en el suelo, se acostaba encima y marcaba con una tiza el contorno de su cuerpo. Luego cortaba, ponía unos cuantos alfileres y se lanzaba a coserla de un tirón. Al día siguiente se ponía sus ropajes flotantes, medio gitana medio pitonisa, con los que hoy se la puede ver en cualquier lugar del mundo. No cambia el estilo ni para ir a cenar a la Casa Blanca con el presidente Clinton.

Isabel se niega a aceptar dogmas vigentes. Esto empieza a una edad muy temprana. En la escuela secundaria La Maisonette, la joven obtuvo la nota más alta en el examen de religión, asignatura que impartía Marta Cruz-Coke, intelectual chilena y ahora directora de museos, archivos y bibliotecas de Chile, al tiempo que declaraba que no tenía fe. Marta Cruz-Coke comentó al recordarlo conmigo en el escritorio del director de la Biblioteca Nacional de Chile, un precioso edificio del siglo XIX, ante el cuadro de Toribio Medina que cubre casi toda la pared: «Pero si la vida de Isabel no es sino un solo acto de fe.» Cuando le pregunté cómo era Isabel entonces, Marta contestó: «No era bonita, pero cuando sonreía se le iluminaba toda la cara.» Curiosamente Isabel siempre ha destacado la belleza física de su madre y hoy ella misma no se queda atrás. Las entrevistas en periódicos y revistas comentan que es una mujer atrayente, de cuerpo menudo. En una entrevista con *Vanidades*, Isabel declaró, refiriéndose a su baja estatura, que los perfumes más caros y los venenos más letales vienen en envases pequeños.

Isabel proviene de una familia vasca por los Llona, gente trabajadora, austera, reservada; de españoles y portugueses por los Barros Moreira, apellidos de la abuela materna, Isabel. Esta abuela, a quien Isabel debe su nombre, es la inefable Clara clarividente de *La casa de los espíritus*. Entre sus hermanos hubo poetas y escritores, el padre de Isabel Barros fue ministro de Justicia en Chile durante la guerra del Pacífico, a fines del siglo XIX, cuando los chilenos derrotaron a Perú y Bolivia. Por parte de su padre, Tomás Allende, tiene sangre castellana y francesa.

Panchita piensa que los valores de su familia, más que en la práctica de la religión ortodoxa, se centraron en una espiritualidad basada en el cristianismo. La modestia, el amor al prójimo, la sinceridad... estaban en primer lugar. En último lugar venían las fiestas, los vestidos, los muchachos, las frivolidades. «Al revés de lo que ocurre ahora», aclara Panchita. Estos valores que ella legó a sus tres hijos figuran entre los principios éticos que conforman a los personajes ficticios del bando de los buenos de Isabel Allende.

Así como a los tres años Isabel Allende llega a Chile por su puerto principal, su llegada a California casi medio siglo después se hará por la puerta grande de la costa del Pacífico. En 1987, una Isabel Allende reconocida mundialmente entra en la bahía de San Francisco, desde donde se divisan los dos grandes puentes: el Golden Gate y el Bay Bridge. Ha venido a parar a uno de los centros culturales más importantes del país. San Francisco, ciudad que los españoles fundaran con el nombre de Yerba Buena en 1776, fue sede de navegantes que venían de lejos poseídos por la fiebre del oro en 1848, entre ellos contingentes de aventureros chilenos. El último terremoto de 1989 causó algún daño en el distrito de la Marina, uno de los puntos de atracción turística, mas la ciudad ha permanecido casi intacta con sus lugares famosos, Fisherman's Warf, Chinatown, Telegraph Hill, las mansiones de Nob Hill, la Ópera y numerosas casas de estudio que atraen a millares de visitantes al área de la bahía, *the Bay Area*, anualmente. En Europa algunos de sus lectores creen que Isabel es originaria de su país porque la leen en su idioma. En Chile la gente del pueblo piensa que vive en Inglaterra, como me dijo un chofer de taxi; o en Hollywood, según la peinadora del Sheraton, admiradora del maquillaje de Isabel.

La casa de Isabel y Willie, «La Casa de los Espíritus» reza el letrero sobre la puerta de entrada en San Rafael, está situada al otro lado de la bahía. «Al verla por primera vez nos pareció que nos estaba esperando, mejor dicho, nos estaba llamando. Tenía un aspecto cansado, las maderas estaban descascaradas y por dentro era oscura, pero tenía una vista espectacular de la bahía y un alma benevolente. Nos dijeron que la antigua propietaria había muerto aquí hacía pocos meses y pensamos que había sido feliz entre estas paredes, porque los cuartos aún contenían su memoria.»

Los cuartos se volvieron luminosos después que abrieron numerosos tragaluces en los techos. Sin embargo, desde la habitación que fuera de Paula, en la planta baja, se oyen ruidos como si arriba arrastraran muebles pesados. Panchita los ha oído y yo también. Nadie ha podido explicar esos ruidos misteriosos de «La Casa de los Espíritus» en San Rafael; quizá ya tenga sus propios fantasmas. Desde allí se domina la vista de San Francisco en un día despejado. Por las mañanas emerge el Bay Bridge entre la bruma visible desde la sala en el primer nivel con grandes ventanales que miran hacia el mar y desde la planta baja donde vivió Paula sus últimos meses.

Para llegar a «La Casa de los Espíritus» desde el sur es necesario cruzar el Golden Gate, esa estructura de espectaculares hierros rojos que se proyectan hacia el cielo, sin poder resistir la tentación de mirar hacia atrás y convertirse en una estatua de sal para apreciar la vista de San Francisco en todo su esplendor retrospectivo. Los veleros puntean el mar aun en tiempo tormentoso, pero en un día claro de verano, las velas se hinchan en el viento y los barquitos toman ímpetu, aventurándose a salir de la bahía a mar abierto. En esos días los turistas atestados en Vista Point, punto de paso rumbo a «La Casa de los Espíritus», gozan de una estupenda vista.

La casa es amplia y luminosa, de tres niveles con suelo de ancha baldosa española. Elegante porque los dueños han puesto su sello personal artístico, y cómoda porque se ve «vivida», con niños y jóvenes que se sientan en los largos sillones de almohadones blancos, y se desparraman en las alfombras mullidas de colores claros. En los cuadros de pintores contemporáneos, los vasos y jarrones que Isabel trae de sus viajes, un Buda de alabastro del siglo XVII de Tailandia, el *kilim* de tono rojo comprado en Marruecos, se aprecia su gusto para rodearse de objetos bellos. Mas así como puede adquirirlos en un anhelo estético, también puede dejarlos sin ningún remordimiento. Hay personas que viven para las cosas, se dejan poseer por ellas; las cosas los dominan. No es así con Isabel. Ella explica que su desprendimiento se extiende de las cosas a la gente. Ella procura amar sin retener ni poseer a los que ama. «Lo más difícil es soltar a quienes uno ama...»

La temprana vocación artística —sus amigas chilenas hubieran jurado que sería pintora antes que novelista, entre ellas Cecilia Viel, quien me dijo que «tenía un talento notable para pintar y crear de la nada en menos tiempo del que uno tarda en contarlo»— se manifiesta en los cuadros pintados por ella misma, en los enormes ramos de flores frescas apretados en ramalazos cerca de la chimenea y en los rincones de la casa. Un piso más arriba está la mesa del comedor, larga, ancha y extensible; sienta una docena de invitados. Isabel y Willie han llegado a tener cincuenta o sesenta huéspedes en casa para las Navidades. Escondido entre los árboles, afuera en la terraza, está el taller de carpintería de Willie donde él, con sus sierras y tornos profesionales, ha hecho algunos muebles de la casa y todos los de la oficina de Isabel en sus horas de descanso, lejos de los legajos judiciales.

Cocinan juntos. Willie se encarga de los asados en una parrilla de cemento japonesa «pesada como un tanque» que hace unos «asados formidables». Mientras él prepara la carne o el pollo, Isabel se encarga de las verduras o del arroz; también maneja las sopas, los postres, las ensaladas. «Las bestias», como Isabel las llama, están a su cargo y las alimenta a diario. La *ménagerie* incluye cuatro mapaches, un zorro, un gato, varios pájaros, un rabipelado y «un número no comprobado de zorrillos que dejan la terraza fétida». Malú Sierra, una de las periodistas chilenas fundadoras de la revista *Paula* junto con Isabel, la recuerda recogiendo perros enfermos, propios y ajenos, en su furgoneta pintada de flores brillantes para llevarlos al veterinario a fines de la década del sesenta, cuando trabajaba en la revista. «No ha cambiado nada —le dije yo— todavía se identifica con los animales.»

Los comienzos

¿Cuál era el cuento infantil que más te gustaba de niña?

«El flautista de Hamelín.»

¿Por qué?

Porque no se trataba de doncellas tontas rescatadas por príncipes. O tal vez era una premonición. Mucho más tarde en mi vida me tocó en suerte seguir a un flautista, como las ratas de Hamelín.

¡No te adelantes tanto! Vamos a empezar por tu infancia, ya llegaremos al flautista. ¿Reconoces esta frase: «la vida es un laberinto de espejos encontrados y de imágenes torcidas»?

Sí, me suena familiar...

La escribiste en *Paula*. ¿Qué quisiste decir?

La escritura de ese libro fue un ejercicio de reflexión y memoria. Al recordar mi vida compruebo que he caminado en círculos y tropiezo una y otra vez con los mismos escollos, encrucijadas y desolaciones. Todo eso se refleja hasta el infinito, como imágenes reproducidas eternamente por espejos enfrentados. Los recuerdos no son prístinos, son subjetivos y por eso me parece que las imágenes en los espejos son deformes, torcidas.

¿Así recuerdas a tu padre?

Casi no lo recuerdo, debo haberlo encerrado en un compartimento sellado del corazón.

No lo nombras nunca. ¿Es que no te dejó huella? ¿Ni un recuerdo?

La escalera de la casa, sus piernas enfundadas en pantalones de lino blanco, sangre... Parece que mi hermano Pancho, que entonces era un bebé de meses, se cayó y se partió la cabeza. Había sangre en los pantalones de lino y los zapatos de charol blanco de mi padre.

Eso no lo has contado en *Paula*. Más aún, de tu padre sólo dices que fuiste a reconocer su cadáver en la morgue.

No me pareció relevante, por eso lo omití, pero pensándolo mejor, tal vez de allí viene mi fascinación por el drama: el contraste de la tela blanca y la sangre. Ésa es la única imagen de mi padre; su rostro, su tamaño, sus manos, están en una nebulosa. La visita a la morgue la recuerdo bien. La incluí en *La casa de los espíritus* y en *De amor y de sombra*.

He visto una fotografía de Tomás Allende, bien vestido, buen mozo, algo arrogante, con un cigarrillo en la mano.

Esa foto apareció recientemente en un álbum antiguo de un pariente lejano. Fue una sorpresa para mí, no me imaginaba a mi padre así, porque el cadáver que vi en la morgue era de un hombre muy diferente. Cambió con la edad... o con la muerte. Pasé casi cincuenta años sin saber qué aspecto tenía.

Tú tienes su color. (*Isabel tiene la tez clara. Panchita más morena.*)

¿Cómo puedes saberlo? La foto es en sepia. He estudiado esa visión del pasado cuidadosamente y no encuentro nada mío. Mi madre dice que él me quería mucho, me sentaba en sus rodillas y me mostraba libros de arte, me hablaba de pintores famosos, de historia y mitología, me hacía escuchar música clásica para entrenarme el oído. Pero nada de eso me quedó; la música clásica me entró por una oreja y me salió por la otra.

Si tanto te quería, es extraño que te abandonara y nunca demostrara el menor interés por volver a verte. En tu obra hay maridos y padres ausentes. Pienso que tu padre está más presente por su ausencia. ¿Hay algo de esa casa en Lima que recuerdes?

La escalera y la pieza de mi madre con la puerta cerrada, ruido, llanto y quejidos. Supongo que eran las peleas de ella con mi padre, o cuando estaba dando a luz a mi hermano Juan... La empleada, Margara, corría con toallas y una tetera de agua caliente, pero no estoy segura. Éste, como muchos otros recuerdos, puedo haberlo inventado.

¿Por qué hubo tanta oposición de la familia Llona al matrimonio de tu madre con Tomás Allende?

Era una familia cerrada, orgullosa, muy clasista. Tomás era quince años mayor que la novia y se decía —en murmullos escandalizados— que era ateo y masón, dos pecados terribles para la timorata sociedad chilena de entonces, aunque dudo que supieran qué significaban esas dos palabras. No tuvieron que soportarlo, porque apenas se casaron se fueron a Perú. Nací en Lima, en 1942, soy tan antigua como la penicilina sintética.

Naciste en Perú, pero eres chilena. En una antología del cuento universal de escritoras figuras como peruana. Es como decir que Carlos Fuentes es panameño, porque sus padres eran diplomáticos en ese país cuando él nació.

¿Qué importa en realidad? Somos latinoamericanos...

No puedo olvidar el nacionalismo hispanoamericano. En Chile habían quedado tus abuelos. Supongo que no era fácil para tu abuela viajar de Santiago a Lima para acompañar a su hija en el parto.

Usaron las conexiones de la familia para que pudiera volar en un bimotor con aspecto de matapiojos, de los pocos que llevaban pasajeros. El eco de la Segunda Guerra Mundial apenas se sentía en Chile, pero los aviones se reservaban para uso militar.

Fuiste la única que no nació en casa. Esa escena de *Paula* en que tu madre y tu abuela roban un bebé del hospital es memorable.

No tuvieron tiempo de fijarse en detalles, echaron mano de la primera criatura que encontraron y se la llevaron: yo. Eso explica muchas cosas.

¿Qué, por ejemplo?

Tal vez yo no soy yo, sino que estoy ocupando el lugar que legítimamente le tocaba a otra niña. Eso explicaría ese sentimiento, que siempre me ha acompañado, de que no pertenezco a ninguna parte, de que soy marginal.

¡Pero si eres igual a tu abuela!

En todo caso, nací en la clínica Americana porque mi padre estaba imbuido de ideas modernistas; quería lo mejor para mí, como si se tratara del nacimiento de una princesa. Era muy ostentoso: alquilaba una casa enorme en Miraflores, barrio elegante, compró el mejor automóvil, sirvientes y lujos para impresionar a los demás. Quiso hacer de mi nacimiento otro motivo para presumir. Me bautizaron con una gran fiesta. Mis hermanos, en cambio, nacieron sin bombo ni platillo, igual que los gatos en el tejado.

Resulta contradictorio que tú nacieras en un hospital bien equipado y luego tu madre retrocediera a las tradiciones de la partera con sus otros hijos.

¿Por qué no? Antes las mujeres no daban a luz en hospitales y ahora estamos volviendo a esa práctica. Todos los hijos de mi abuela nacieron en la casa y dos de mis nietos también. Antiguamente los hospitales eran fuentes de infecciones; se acudía a ellos sólo como último recurso, incluso se operaba en las casas. Mi abuelo me ha contado de operaciones de apendicitis y hasta de vesícula en el comedor, sobre la misma mesa de roble español donde hoy yo escribo mis novelas.

Cuéntame qué pasó después que naciste.

Mi madre regresó a Chile porque la relación con mi padre iba de mal en peor. En Chile todavía hoy, a fines del segundo milenio, no hay divorcio; en los años cuarenta, la idea de que una mujer abandonara su hogar resultaba impensable. No la recibieron con muy buena cara; se suponía que el papel de una mujer era quedarse junto al marido sin chistar, por malo que fuera. Se debía evitar el escándalo a toda costa: «la ropa sucia se lava en casa», era uno de los lemas en mi familia. Las mujeres no tenían escapatoria, pero mi madre resultó más decidida que la mayoría. No pudo soportar los extraños hábitos de mi padre y se largó.

En una fotografía que he visto, tu madre se parecía a Ava Gardner.

¿Verdad que sí? Mala suerte, no me tocó ninguno de sus genes. A mí me cambiaron en el hospital, eso es casi seguro. Por allí anda una foto en que mi madre tiene veinticinco años, descendiendo de un avión conmigo de la mano; yo debía tener menos de dos años. Ella era muy bonita. Acababa de separarse de mi padre por primera vez. Yo era una chiquilla regordeta, con el pelo teñido y encrespado a la fuerza. Así se explica el milagro de que naciera con unos pelos negros de mono y al año tuviera rizos rubios como Shirley Temple. Mi madre lo niega, por supuesto, pero aún recuerdo el olor del Bayrum, una loción que me echaban en la cabeza para aclararme el cabello, porque los niños de buena clase eran siempre rubios. Debo haber sido una tremenda decepción para mi familia.

Has contado que tu hermano Pancho nació en casa de tus abuelos en Santiago y luego tu madre regresó a Lima, a juntarse otra vez con su marido.

A poco de llegar a Chile, mi madre se dio cuenta que estaba embarazada de nuevo, noticia que debió caerle como una bomba. Se quedó en casa de sus padres, indecisa respecto a su futuro, hasta que nació mi hermano Pancho. Cuentan que la matrona no alcanzó a llegar y mi madre dio a luz en la casa, sin más ayuda que su hermana, quien no había presenciado jamás un parto y gritaba de horror, convencida que a mi madre se le estaban vaciando las tripas. Al bebé lo llamaron Francisco, por mi madre, y Tomás por su padre, pero siempre le hemos dicho Pancho. Poco después mi madre cedió ante las presiones de todo el mundo y regresó a Lima con sus dos hijos, a reunirse con su resbaladizo marido. Tanto le dijeron que el nacimiento de un hijo varón cambiaría la relación matrimonial, que llegó a creerlo.

El mito del primogénito, muy hispánico. Hay muy poca diferencia de edad entre Pancho y tú, ¿año y medio más o menos?

Sí, pero en el transcurso de la vida él me pasó hace rato y ahora es bastante mayor que yo. Apenas llegó a Lima, mi madre quedó embarazada por tercera vez. Como ves la fertilidad es un vicio familiar. Para entonces mi padre pasaba la mayor parte de su tiempo ausente, dedicado a misteriosos viajes y a sus amigos. Ella, cada vez más sola y deprimida, se transformó en una reclusa. Mi hermano Juan nació en la casa de Lima y esta vez sólo Margara estaba allí para ayudar. Juan era un bebé muy enfermo.

No me acuerdo de personajes masculinos enfermizos en tu obra. Sí de mujeres, como Esther Trueba. ¿Qué tenía Juan?

No sé el nombre de su condición, pero me la han descrito como un nudo o un espasmo en la tráquea que impedía el paso de los alimentos. De chica yo pensaba que mi hermano había venido al mundo con un cuello largo de cisne, literalmente hecho un nudo; fue un alivio descubrir en el álbum de fotos familiares que era de apariencia normal. En todo caso, su sistema digestivo no estaba completamente desarrollado, las primeras semanas lo mantenían vivo con suero, lo recuerdo con una sonda conectada a la cabeza. Era tan minúsculo que parecía un ratón medio disecado. Apenas mi madre pudo levantarse y tomar algunas decisiones, se embarcó con sus tres niños, Margara y una perra llamada *Pelvina López-Pun*, de vuelta a Chile. Juan iba moribundo, nadie pensaba que sobreviviría al viaje en barco.

Hacía falta tener valor para meterse en el Pacífico a fines de la guerra. Tú tendrías unos cuatro años. ¿Te asustaba ver al niño enfermo, a tu mamá llorando?

Mi madre siempre ha sido llorona; es un vicio de las mujeres de mi familia del cual, por suerte, he logrado liberarme gracias a una disciplina espartana. Pero las lágrimas fáciles nunca le impidieron a mi madre tomar decisiones muy valientes.

Las mujeres de mi familia en Mendoza, Argentina, también eran lloronas; era un arma de defensa y ataque, quizá la única que tenían. Dime, ¿cómo intentabas consolarla?

Rezaba. Cuando se enfermaba prometía sacrificios: «si mi mamá se mejora, no como postre en un mes». Como no era capaz de cumplirlo, porque soy una golosa incorregible, me sentía como un gusano. ¡Por culpa mía mi madre estaba sufriendo! Solía pedirme que le pusiera una mano en la frente, porque eso la aliviaba, y yo sentía una mezcla de pavor y orgullo. Orgullo porque ella me atribuía el poder de aliviarla, pavor porque tal vez el método fallaba. Ella era el norte de mi vida, la única fuente de seguridad. Supongo que también sentía miedo al comprobar que el único adulto que podía protegerme era tan vulnerable.

Dice tu padrastro, el famoso «tío Ramón», que desde muy niña tenías un gran sentido de la responsabilidad. Cuenta que dormías con el uniforme del colegio puesto y el sombrero a los pies de la cama, lista para salir corriendo apenas despertabas y que llegabas antes de que abrieran las puertas.

Me temo que ése ha sido uno de los trazos fundamentales de mi carácter: un sentido de responsabilidad que llega al extremo de la perversión. Me responsabilizo incluso por catástrofes lejanas. ¿Terremoto en Bangladesh?, algo debo haber hecho mal. Fui a terapia para corregirme, pero pronto empecé a sentirme responsable por el psicólogo. ¿No se estará aburriendo, este pobre hombre? Terminé inventando melodramas que nunca me habían ocurrido, nada más que para entretener al terapista. (*Habla Isabel divertida; el tono es ligero. Nos reímos.*)

Cuando nació Juan, tu madre y Ramón Huidobro se enamoraron. Fue una pasión fulminante, pero tuvieron que esperar varios años antes de juntarse.

El tío Ramón se quedó en Lima y ella se instaló con sus hijos en casa de mis abuelos en Santiago. Después que murió mi abuela Isabel Barros, la casa se fue deteriorando, como si un manto de pesadumbre la envolviera. Entretanto el tío Ramón fue nombrado diplomático en Perú y luego en Bolivia. Se había propuesto ahorrar dinero para pagar una nulidad matrimonial a su primera mujer. Mi madre consiguió la suya sin dificultad; su marido firmó los papeles con la condición de que no le pidieran nunca dinero para los hijos. El tío Ramón, en cambio, no ha podido anular su primer matrimonio hasta el día de hoy. Ha vivido cincuenta años con mi madre sin poder casarse en Chile, aunque lo ha hecho en otros países. En esa época estuvieron separados, intercambiando una correspondencia enloquecida. ¡Qué daría por echar mano a esas cartas!

Así y todo era una situación irregular en los años cuarenta. ¿Pudo tu madre olvidar su desengaño, al hombre que la dejó con tres niños y desapareció?

Hay que ver a mi madre dentro del contexto de aquel tiempo y aquel país, para poder entenderla. A veces la he juzgado con dureza, porque la contemplo desde la perspectiva de quienes somos ahora. Nací veinte años después que ella. Si hubiera estado en sus zapatos, ¿habría tenido el valor suyo? Yo pertenezco a la primera generación de feministas organizadas en Chile. Ella no había oído hablar de feminismo cuando se quedó sola, a cargo de tres criaturas. Era una víctima. La criaron para señorita, no para ganarse la vida ni para manejar dinero o tomar decisiones, se suponía que eso correspondía a

los maridos. Había tenido la vida fácil de una hija de familia, como se decía entonces, partiendo de la premisa
que las hijas de los pobres no tenían familia, y de repente se encontró sin un peso, madre soltera, viviendo de
huésped en la casa de su padre. Recuerda que se casó
con la oposición de su familia; debió ser humillante regresar a la casa paterna a pedir ayuda.

**Además la mujer era siempre culpable en los fracasos
matrimoniales que salían a la luz. Le quitó el marido a
la fulana, se decía.**

Por supuesto, ella era la mala de la película y todos
los demás, incluso el hombre con quien compartía ese
amor, el tío Ramón, eran víctimas ante los ojos de la
sociedad. Ella lo había trastornado. Eva, Adán, la manzana, ya sabes. ¡Qué poder enorme le atribuían a la
mujer!

**¿Había entre ella y su padre la animosidad que descri-
bes en *La casa de los espíritus* entre Esteban Trueba y
Blanca?**

Mi abuelo no era como Esteban Trueba. Sirvió de
modelo para el personaje, pero en la vida real era mucho
mejor que Trueba; gracias a Dios se murió antes de leer
el libro, porque lo hubiera matado del disgusto y yo car-
garía para siempre con ese crimen en la conciencia. El
viejo quería mucho a mi madre y supongo que también
a nosotros, sus nietos, pero estaba herido con la muerte
de mi abuela; se sintió traicionado por su ausencia, se
vistió de negro como un cuervo y no quiso encariñarse
con nadie para no seguir sufriendo por sentimentalis-
mos. Rara vez nos hizo un cariño a los niños, apenas nos

hablaba, pero se emocionaba por cualquier cosa y lloraba a escondidas. Yo lo adoraba y le tenía un poco de miedo. Era duro con mi madre, pero jamás como Esteban Trueba lo era con Blanca.

Un aspecto redentor en la personalidad de Trueba es su amor por Alba. ¿Tuvo tu abuelo la misma debilidad por ti?

Me gusta imaginar que me prefería entre los demás nietos porque era la mayor y me llamaba Isabel, como mi abuela, pero él no era hombre demostrativo. ¡Ni muerto habría confesado que me quería! Con mi madre mantenía una relación de protector, severo y justo. En esa familia no nos tocábamos, el afecto se manifestaba en bromas muy pesadas, en palmotazos que nos hacían tambalear y unas carcajadas crueles por chistes que los niños no entendíamos. Yo soy de esas madres que persiguen a los hijos para besuquearlos; eso habría horrorizado a mi abuelo y a mis tíos. Sólo en los últimos años, después que murió mi hija Paula, mi madre y yo nos atrevemos a confesar en voz alta cuánto nos amamos, pero nos cuesta tocarnos, porque no desarrollamos la costumbre.

Doña Panchita dice que ustedes dos tienen una relación mágica. Yo digo complementaria. ¿Tú qué dices?

Todo eso y más. Nuestra amistad se basa en la confianza, la complicidad, el humor y en los últimos quince años en la literatura, que compartimos. La verdad es que nos divertimos mucho juntas.

¿Quién te mimaba, aparte de tu madre? ¿Dónde aprendiste a ser afectuosa? Has dicho que Margara, la niñera, no te quería.

Margara adoraba a los varones de la familia, a mis tíos, mi abuelo, mi hermano Pancho porque era rubio natural, y no teñido como yo, y a Juan porque era bonito y ella lo recibió al nacer y le salvó la vida; le daba a la fuerza una papilla de leche, metiéndosela por la garganta con una cuchara de palo, hasta que obligó a su sistema digestivo a trabajar. Era un espectáculo deprimente, como cebar a un ganso, pero gracias a ella Juan vivió. Nadie mimaba a nadie en esa casa. Si les preguntas a mis hermanos, también te dirán que nos criamos en la escuela del rigor, pero, te repito, ésa era la norma en aquellos tiempos. No se había inventado todavía la psicología infantil. Aprendí a ser afectuosa con mis hijos; desde que nacieron los he tenido apretados contra mi pecho. Nicolás es ya un hombronazo, medio metro más alto que yo, pero lo llevo siempre dentro de mí, como el guarisapo que era antes de nacer.

¿Dónde quedaba la casa de tu abuelo en Chile? Háblame de «La Casa de los Espíritus».

De la primera casa no me acuerdo. La segunda estaba en la calle Suecia 081; me parece que ahora hay allí un restaurante o una tienda. Todas esas calles en torno a la avenida Providencia, que antes eran residenciales, hoy están transformadas en oficinas o negocios. Ése era el barrio elegante de los años cuarenta y cincuenta, pero luego la ciudad empezó a crecer, los ricos fueron trepando por las laderas de la cordillera, para mirar a Santiago desde arriba, y Providencia se convirtió en un gran bazar. Era una casa grande, pero no tanto como la que inventé en *La casa de los espíritus*, y mucho más fea, oscura y fría. Había poca privacidad para los adultos, los niños no teníamos ninguna. Yo jugaba sola, inventaba mis propios cuentos y me los contaba en alta voz, no me aburría nunca.

De noche leías en tu cama con una linterna bajo las sábanas...

Y de día solía buscar silencio oculta en el sótano, un amplio recinto, tan grande como toda la planta de la casa, dividido en cuartos, con piso de tierra apisonada. Había arañas, cucarachas, gusanos, ratones. Allí estaban los fundamentos de esa vieja casa, los pilares, las enredadas cabelleras de los cables eléctricos... En esa época los cables eran como un moño de vieja, puros pelos sueltos, no estaban protegidos dentro de tubos, como hoy; de milagro no nos electrocutábamos.

Por lo que he leído en *Paula*, estudiaste en muchos lugares distintos: Bolivia, luego el Líbano... La única constante en tu vida era la presencia de tu madre y del tío Ramón. ¿Hiciste la escuela primaria en Chile?

No toda. Primero estuve en las monjas alemanas, en las ursulinas, de donde me echaron cuando mi madre, separada de mi padre, se enamoró de otro hombre. No me dijeron eso, por supuesto, la disculpa fue que organicé un concurso de mostrar los calzones. Yo tenía como seis años. De allí pasé al Dunalastair, un colegio inglés bastante bueno, pero con un uniforme horroroso que me dejó acomplejada para siempre.

Cuando el tío Ramón viajaba en misión diplomática no tenías más remedio que salir de Chile.

Tenía yo diez años cuando lo nombraron secretario de la embajada en Bolivia. Ahí me tocó un colegio mixto americano; lo único que recuerdo fue que me enamoré de un chico con las orejas enormes. Después partimos al Líbano y allí fui a un colegio británico para niñas.

Lo que más me divierte eran tus juegos de dialéctica sofista con el tío Ramón. Cuando te dejaban en libertad para hacer amigos, ¿cómo te movías entre las otras niñas?

Mal. Nunca fui popular. Era tímida, me costaba meses adaptarme, me encerraba detrás de las páginas de un libro en el recreo para no tener que hablar con nadie. Cuando llegué al Líbano no hablaba el idioma, pronto tuve una confusión entre el inglés del colegio, el español de la casa, el francés y el árabe que se hablaba en la calle. También me sentía confundida por los cambios en mi propio cuerpo, era plena pubertad y adolescencia, las hormonas me estaban volviendo loca. No fue una época fácil. Pero tampoco lo fue para el resto de la familia.

Me da la impresión que tienes facultades histriónicas. A veces he llegado a pensar que cuando estás en grupos sociales te comportas altiva o distante, como si no quisieras relacionarte con la gente, sin embargo cuando subes a un escenario cambias. Si alguien dijera que eres tímida, le dirían que está delirando.

Ya no soy tímida como era antes, pero en una reunión social no me siento cómoda. Prefiero grupos pequeños, ocho personas máximo. En un escenario no soy yo, me convierto en otra mujer, allí se esfuman todas mis incertidumbres. Lástima que no pueda andar siempre con un micrófono en la mano...

Sobre un escenario estás trabajando para cumplir con tu función de escritora en contacto con su público.

Estoy contando historias y para eso soy buena. Pero en una reunión social soy una lata; apenas puedo me escapo a lavar los platos. Por eso me invitan: dejo la cocina impecable. Menos mal que Willie compensa mis carencias, él es siempre el alma de la fiesta.

(*La miro interrogativamente. Acaba de hacer uso de una de sus gloriosas contradicciones.*) También puede haber un sentido de la responsabilidad, creer que estás perdiendo un tiempo valioso en frivolidades.

Nada de eso. Mi tiempo no es oro. Pero no bebo alcohol, no soy de las primeras en la línea de la conga, no sé contar chistes y no entiendo los que cuentan los demás. Total, un fracaso social.

En *Paula* das a entender que eras una niña solitaria que compensaba su soledad con juegos de imaginación.

Esta pregunta nos devuelve a una que me hiciste antes, a esa del laberinto y los espejos encontrados. Desde muy chica, desde que puedo recordar, he sentido que el mundo es mágico, que existen dos realidades: una palpable, visible, cotidiana, solar, y otra que es la realidad de la noche, de los secretos, las sombras, las pasiones incontrolables, una realidad lunar... Y esos dos planos también los siento en mi cuerpo. Hay una persona que todo el mundo ve, la que se refleja en los espejos, pero por dentro del cuerpo palpitan órganos, flotan hormonas, se gestan sueños y niños, yace la memoria, misteriosos procesos emocionales y químicos ocultos al ojo humano. En mí está contenido el pez que fui cuando me gestaron, el infante que era al nacer, la niña de siete años, la madre de veinte, la mujer madura que soy hoy, el cadáver que seré. A veces puedo ver, como en un fresco, todo lo que fui, lo que soy y seré, y en momentos especiales me parece verlo también en otras personas. Willie aparece como el niño que era cuando lustraba zapatos en las calles de Los Ángeles y me conmueve con su fragilidad y su risa desafiante; en otros instantes vislumbro al Willie de veinte años, con tal claridad, que siento deseo sexual por ese hombre joven que no conocí. Cuando se me aparece el anciano que Willie será, me abruma la ternura por él. Observo a mis nietos, perfectos, sin una peca fuera de lugar, todavía sin atisbo de maldad, y veo lo que fueron cuando los ayudé a salir del vientre de su madre y lo que serán después de mi muerte. Esto, que llamamos juegos de imaginación a falta de un nombre mejor, lo he sentido desde muy niña, cuando aún vivía en ese caserón sombrío de mis abuelos.

Había una vez...

Un tiempo total como un océano,
una herida confusa como un nuevo ser,
abarcan la tenaz raíz de mi alma
mordiendo el centro de mi seguridad.

PABLO NERUDA

Durante los años treinta en Santiago de Chile, Salvador Allende, junto con otros militantes políticos, funda el Partido Socialista Chileno. Allende es designado ministro de Sanidad durante el gobierno de Pedro Aguirre Cerda que impulsa una política social abierta y favorece el movimiento de los sindicatos obreros. En 1970 es elegido presidente de Chile por voto popular.

Tomás Allende Pesce de Bilbaire, primo de Salvador, de origen francés por parte de madre, fue intelectual, bohemio y dandi. Conoció a Francisca Llona Barros en una de las tertulias de jóvenes aficionados a las letras que surgieron en Santiago para discutir las obras de los europeos más famosos de la época —André Gide, Malraux, Kafka, James Joyce, Virginia Wolf— y recitar apasionadamente los versos de *Veinte poemas de amor*, del Midas de la poesía, Pablo Neruda.

Tomás Allende se distinguía entre otras cosas por su intelecto vivaz y su sentido del humor. Por no perderse la ocasión de decir algo ingenioso era capaz de burlarse de sus amigos y de aplastar a sus enemigos con una frase ocurrente y lapidaria.

En una fotografía de casamiento que ha sido recuperada, aparece caminando con un cigarrillo en la mano junto a una joven de belleza clásica, drapeada en un lar-

go vestido blanco ceñido al cuerpo, con un *bouquet* de
azahares y una tiara sobre los cabellos oscuros. La pareja parece estar en movimiento o a punto de iniciar la
marcha. Él sonríe apenas, satisfecho de sí mismo. La novia tiene un aire desafiante y dinámico como dispuesta a
derrotar un vago presentimiento de infortunio.

Los lectores de *Paula* recuerdan la escena de la luna
de miel con los recién casados, a bordo del barco que los
lleva a Lima, sentados a la mesa del capitán. La humillación de la joven desposada cuando accidentalmente deja
caer una gota de salsa americana en la corbata de su marido, quien al ver la mancha extenderse, resuelve echarse la salsa con los camarones sobre la pechera blanca y
esparcirla con sus manos antes de levantarse enfurecido
de la mesa. La pobre novia se queda desairada, mordién-
dose los labios para evitar que le salten las lágrimas. La
convivencia en Lima y el nacimiento de los tres hijos no
cambian el extraño comportamiento del esposo ni miti-
gan sus injustificadas ausencias. Las deudas se acumu-
lan y por último el padre desaparece sin dar ninguna explicación.

Cuando Tomás Allende firma el documento de nulidad del matrimonio a condición de que nunca le pidan
dinero para sus hijos, se aleja para siempre de sus vidas.
Morirá muchos años después sin saber nunca que su
hija mayor llega a ser la escritora más leída en español
en la segunda mitad del siglo xx.

El abuelo don Agustín Llona, bajo la figura austera
del Tata, asume el papel de padre para los tres niños pequeños que se instalan a vivir con él en la casa de la calle Suecia después de la ingrata partida de Lima. La infancia de Isabel transcurre en esa casona que le sirve de
marco a *La casa de los espíritus* con ciertas transforma-
ciones, para presentarse con realismo en *Paula* despojada del esplendor de la primera residencia imaginaria.

Allí la niña empieza a leer vorazmente, incluso de

noche bajo las sábanas iluminándose con la linterna que le diera su extravagante tío Pablo, para iniciarse en su «perversión por la lectura secreta». El mundo fantástico se apodera de ella cuando empieza a creer que los personajes de los libros abandonan las páginas y deambulan por la casa en la oscuridad. Brujas, piratas y villanos se mueven sigilosamente a su alrededor, mientras el Diablo omnipresente se refleja en los espejos que ella pasa de largo a la carrera para evitar encontrarse cara a cara con el Mal. Lee novelas de aventuras; se apasiona con *Veinte mil leguas de viaje submarino* de Julio Verne y con *La venganza de Sandokán* y *El corsario negro* de Emilio Salgari. En esa época empieza a contarles cuentos a sus hermanos menores Pancho y Juan de la misma manera que lo hace hoy a sus nietos. Cada uno le entrega una palabra tal como «ardilla» o «estrella» y la pequeña Scherezade se lanza a urdir su trama sobre la ardilla o la estrella del cuento, para el disfrute de los precoces oyentes. Así comienza su pasión por contar cuentos y en las celebraciones familiares los niños se sientan en círculo para oírla narrar historias de su invención. En sus lecturas, Isabel se identifica con los villanos, de esa época proviene su interés por los personajes marginales. «Vivía cada cuento como si fuera mi propia vida», dirá después en *Paula*. Los miedos de la infancia se agrandan con el terror de que muera su madre y su padre regrese a reclamarla. La sola idea de que su madre se case otra vez le produce angustia. Hay un pretendiente, Benjamín Viel, de quien hace referencias en sus recuerdos, que parece haber merecido la aprobación de la niña. Es el mismo Benjamín Viel a quien le escribe cartas memorables desde el Líbano, pasando por alto a la amiga de su edad, Cecilia, hija de Benjamín, quien hasta el día de hoy se confiesa celosa de que Isabel le escribiera a su padre, y no a ella.

Isabel manifiesta que era una chica solitaria, entregada a los juegos ritualistas de complicadas ceremonias que inventan los niños solitarios. Su interés por el teatro data de esa época, cuando da vida a objetos inanimados, los palitos que representan a diversos personajes, y les hace dialogar poniéndoles palabras imaginarias en la boca. También comienza a pintar después de un engaño infantil sufrido en Navidad. En vez de los regalos esperados, recibe del Viejo Pascuero, el Santa Claus chileno, una caja de pinturas y pinceles. La copia de una pintura borrosa de Marc Chagall le sirve de inspiración para reponerse del desencanto y durante años pinta «con libertad y gozo un complejo mural donde quedaron registrados los deseos, los miedos, las rabias, las preguntas de la infancia y el dolor de crecer».

Su gran amor es su madre. Hay rasgos de la Panchita de esa época en el personaje de Blanca en *La casa de los espíritus*. Como Blanca, debe trabajar para ayudar a mantener a sus hijos; trabaja en un banco de día y de noche incrementa sus ingresos haciendo sombreros, tan de moda en los años cuarenta, para enviar a las damas de la alta sociedad limeña. En la misma mesa de roble español donde hoy Isabel escribe sus novelas en San Rafael, California, su madre combinaba las cintas y flores para adornar los sombreros. Aunque el Tata parece haber sido un hacendado de provecho en la crianza de ovejas, la niña crece en un ambiente espartano donde no se prodigan los manjares ni se despilfarra el dinero. En la familia, por la enseñanza del abuelo, se consideraba «la escasez una bendición y la avaricia una virtud». Sin embargo, para el mismo abuelo era innoble ir por la vida sin ayudar al prójimo, lema que él ponía en práctica en el diario vivir. Isabel, como reacción a la austeridad de su familia es generosa hasta el exceso, no sólo con su propia familia y amigos sino también con desconocidos. Corren anécdotas sobre su proverbial generosidad, siendo una de las más pintorescas la de su amiga Pía Leiva. Cuenta Pía que al visitar a Isabel en California, advirtió que cada vez que ella elogiaba un cuadro o un objeto de adorno en la casa, su amiga escritora se empeñaba en regalárselo. También pasó igual en las calles de San Francisco. Si ella señalaba alguna prenda en una vidriera, Isabel se precipitaba a entrar en la tienda y adquirirla para dársela a Pía, la cual optó por caminar con la vista baja y abstenerse de hacer comentarios elogiosos, dispuesta a resistir la generosidad de Isabel para poder regresar a Chile sin poner en peligro el vuelo por sobrecarga de regalos.

La niña solitaria creció bajo el estigma social que caía sobre una mujer divorciada en aquellos años. Su madre se había enamorado de un hombre casado, padre de cuatro hijas, sobrino de un obispo. Isabel narra en *Paula* que un día en que ella y sus hermanos iban caminando por la calle, al cuidado de la criada Margara, alguien les gritó desde la otra acera: «¡Hijos de puta!» Cecilia Viel recuerda que en un encuentro casual, también por la calle, la esposa legítima de Ramón Huidobro insultó a Panchita Llona delante de la niña quien, cogida de la mano de su madre, escuchaba despavorida palabras que sólo entendía a medias. «Isabel era una niña triste, pero tenía sentido del humor. Era diferente a los demás», afirma Cecilia Viel.

Aún hoy Cecilia se asombra de la capacidad de concentración que tenía Isabel cuando un libro caía en sus manos. «Se ponía a leer en la playa y se olvidaba de todo.» Además tenía poderes de observación y veía cosas que se escapaban a otros niños de su edad. «Era más pequeña que yo —dice Cecilia evocando a su amiga de entonces—, pero tenía más arranque.» Se ríe al contarme lo que sucedió un día en las dunas, cuando Isabel se vistió de amarillo con sombrero del mismo color para atraer a unos chiquillos que las rondaban. «Fíjate, la prefirieron a ella, no a mí.» Larga una carcajada divertida y sigue hablando con cariño de su amiga, «la famosa», como la llaman sus camaradas de Chile. «Siempre me sentí diferente; desde que puedo recordarlo he estado marginada; no pertenecía realmente a mi familia, a mi medio social, a un grupo», ha dicho Isabel en sus memorias de *Paula*. Indudablemente escuchó la música de su propio flautista y marchó a un ritmo que nadie más que ella oyó hasta que lo puso por escrito.

Andanzas

¿Cuántos años viviste en Venezuela?

Trece, tal vez los más importantes de mi vida, porque me iniciaron en la escritura. Chile y Venezuela son países muy diferentes. Vengo de una tierra de montañas, de cataclismos, de sangre indígena y tragedia española, donde la amistad es un pacto de sangre, el honor y el rencor son para siempre, la hospitalidad es sagrada, los vínculos irrompibles, en fin, la vida parece contada por García Lorca. Venezuela es verde y abierta, tiene influencia africana, sangre de piratas, aventureros e inmigrantes de todo el planeta que llegan a sus orillas buscando fortuna. Creo que lo que más me impresionó al comienzo fue el desparpajo erótico en el ambiente, la belleza provocativa de las mujeres y la forma de atacarlas de los hombres, sin disimulo alguno. En Chile si una mujer tiene senos grandes, usa blusas sueltas para cubrirlos, si tiene trasero, jamás se pone pantalones. En Venezuela, por el contrario, los senos se presentan como melones en un escaparate, el fundillo, mientras más voluminoso, más apretados los pantalones o cortas las faldas. Orgullo de la carne, sensualidad, ritmo, apertura, intrascendencia, allí todo sucede rápidamente y no deja mucha huella, como si la gente supiera que el paso por este mundo es breve y hay que aprovecharlo, somos transeúntes. Tengo una deuda impagable con ese país: me dio el color, el sabor, el ojo para ver los contrastes, la audacia para contar sin miedo, la alegría de los sentidos.

Desde los Andes hasta el Caribe es un cambio radical, pero estabas acostumbrada a mudarte. Naciste bajo el signo itinerante de los diplomáticos de carrera con tu padre y lo seguiste con tu tío Ramón.

Sí, y después me ha tocado ser exiliada y emigrante. La primera mudanza fue dejar Lima a los tres o cuatro años, después salí de Santiago rumbo a Bolivia y más tarde el Líbano. Tenía yo casi quince años cuando destinaron a mi padrastro a Turquía y él decidió que los niños debíamos regresar a Chile a casa de mi abuelo. Más tarde viví en Europa, Suiza y Bélgica. He tenido oportunidad de adaptarme, de aprender idiomas, de resignarme a las despedidas inevitables. Supongo que debí acostumbrarme en Venezuela, era un país acogedor y abierto, pero salí de Chile prácticamente obligada por las circunstancias, con la sensación de haber sido despojada, de haber perdido mi país, mi familia, mi trabajo, mis amigos. Creo que simplemente no hice el menor esfuerzo por adaptarme.

Se dan coincidencias con escritores como Mario Vargas Llosa, Gabriel García Márquez, Julio Cortázar, Carlos Fuentes, en tus preocupaciones políticas. Todos ellos autores que dejaron el terruño en uno u otro momento, forzados por situaciones políticas adversas.

Para mi generación es imposible ignorar el torbellino político que ha sacudido al continente por varias décadas. Los problemas sociales y políticos figuran constantemente en nuestra literatura, es inevitable.

Y tienen otra cosa en común, el cosmopolitismo. Publican en periódicos internacionales y han sido traducidos a muchos idiomas. Cuando surgiste dijeron que eras la escritora que faltaba en el *boom* de la literatura latinoamericana. ¿Te sientes parte de ese *boom*? ¿Crees que tu fama se debe, entre otros factores, al cosmopolitismo que ha marcado tu vida?

Es difícil —y peligroso— clasificarse una misma; también se ha dicho que inicié el *posboom* (ser llamada pos-cualquier cosa es un poco humillante). Las experiencias de los viajes y del exilio otorgan una visión más global de la vida: se hacen evidentes las similitudes, más que las diferencias, entre pueblos e individuos, uno deja de mirarse el ombligo para mirar el horizonte más distante. Eso otorga a la escritura un vuelo mayor y permite a más lectores identificarse con el libro, que entonces pasa a ser traducido y distribuido en muchas lenguas. Tienes mucha razón: ése fue un factor importante en el *boom*. Antes la literatura de nuestro continente era muy localista. El cosmopolitismo permite escribir sobre una aldea mítica, como Macondo, y tocar temas universales.

¿Qué aprendiste de tu vida andariega con el tío Ramón? ¿Algo de eso te ha servido para escribir, para vivir y para terminar casada con un gringo y radicada en California?

Adquirí una visión algo más global, dejé de ver a Chile y a mí misma como centros del universo. El mundo es muy vasto, pero la gente es más o menos parecida en todas partes. Con diferentes culturas, idiomas, tradiciones y colores, todos sentimos el miedo, el amor, la codicia, la ternura, de la misma manera. Aprendí a identificarme con esa gran masa humana de la cual soy una partícula insignificante.

¿Volverías a vivir en Chile?

¡Claro que sí! Pero como es difícil, al menos me gustaría tener un pie allá y otro acá, donde viven mi hijo y mis nietos. Mis raíces más profundas están en Chile, pero me he acostumbrado a vagar por muchos caminos. Los chilenos creemos que somos el ombligo del mundo, siempre estamos mirando hacia adentro, estudiándonos, analizándonos, comparándonos con nosotros mismos. Ahora decimos que somos «el tigre» de América y pasamos el día contándonos las rayas... Tenemos complejo de superioridad. Tal vez ya no pertenezco al Chile de hoy, sino al Chile nerudiano que llevo en la memoria, una patria personal, inexistente en la realidad.

Para mí hay más diferencias culturales entre Norteamérica y Latinoamérica que entre Chile y Japón. ¿Te has adaptado totalmente a la vida en California?

Digamos que estoy bien. Me hace mucha falta la lengua. ¡Ah, el idioma! Es como la sangre, nos identifica... Cuando voy a España o a cualquier país latinoamericano, en pocas horas se me suelta la lengua y empiezo a hablar y hablar, embriagada por el sonido del idioma recuperado; es como una glotonería de las palabras. Entiendo las ironías y sutilezas, puedo compartir mejor el humor y el dolor, no necesito explicaciones porque conozco las claves y códigos. En inglés, en cambio, estoy limitada, no puedo hacer juegos de palabras, no soy elocuente ni divertida. Cada día me cuesta más escribir, porque no practico el español.

¿Qué es lo bueno y lo malo de Estados Unidos, tu nueva patria?

Lo bueno es su potencial: en este país se da lo mejor y lo peor en gran escala. Se puede viajar a la luna en un cohete, darle una vuelta olímpica, plantar una bandera estrellada y luego caer suavemente en el mar del Norte, ante el desconcierto de las ballenas azules. Y tal como se puede ascender al cielo, se puede descender al infierno. Creo que aquí puede producirse un fenómeno más temible que el nazismo, están todos los elementos: racismo y machismo, sentido mesiánico de la historia, fascinación por las armas y la violencia, complejo de superioridad, aislacionismo, poderío militar. Las peores atrocidades son posibles, pero también las mayores grandezas y la máxima generosidad. Todo es superlativo, hasta el enorme helado que le sirven a un niño, que en cualquier otro país alcanzaría para alimentar a una familia. No hay movimiento artístico, cultural, ideológico o científico que no pase por Nueva York. Es un pueblo joven, dinámico, capaz de grandes cambios en corto tiempo, desde reformas sociales hasta revoluciones espirituales. Ese potencial me parece fascinante. Además está la permeabilidad social: uno cruza la frontera de un estado, se cambia el nombre, borra el pasado y puede volver a comenzar de cero. Nosotros venimos de un mundo rígido, jerárquico, nuestro pasado y el de nuestros padres nos persigue. La capacidad de renovación, así como el individualismo, está incorporada al mito norteamericano.

Viajes

La falsa identidad siguió tus pasos.
Día a día las horas se amarraron
pero tú ya no fuiste, vino el otro,
el otro tú, y el otro hasta que fuiste,
hasta que te sacaste
del propio pasajero
del tren, de los vagones, de la vida,
de la sustitución,
del caminante.

PABLO NERUDA

La niña solitaria de la casa de los espíritus se ve lanzada al mundo a los once años por la carrera diplomática de su padrastro, el tío Ramón. Se inicia en Bolivia donde Isabel tiene su primer encuentro personal con el nacionalismo hispanoamericano. En la escuela intenta defender a su patria de las atrocidades que se le acusan de haber cometido durante la guerra del Pacífico hacia fines del siglo XIX. Se ha criado oyendo hablar de los valientes soldados chilenos, no sabe todavía que la historia la escriben de una manera los vencedores y de otra, los vencidos. Pequeñita y resuelta, no se deja apabullar por la silbatina de sus compañeros ante su heroica defensa, hasta que la maestra termina desterrándola al pasillo como castigo por su rebeldía. Allí con la cara vuelta a la pared, ardiendo de rabia por la humillación, alcanza a distinguir de reojo la cabeza de orejas protuberantes de un muchacho alto, que también está cumpliendo penitencia en el pasillo de los culpables. Se enamora perdidamente por primera vez de aquel desconocido que parecía «una ánfora griega visto de atrás». Al parecer su pasión pasa completamente inadvertida al orejón de sus primeros amores.

De su estada en La Paz, donde «el aire es tan delgado

que se pueden ver los ángeles al amanecer», quedó sin duda su observación del paisaje y el comportamiento de la raza indígena de los Andes. Rumbo a La Paz el tren pasa por el desierto del norte de Chile, por Antofagasta, tierra que sirve de marco para la etapa que corresponde al conde de Satigny y su casa de los misterios, donde lleva a la recién casada, Blanca, embarazada de Alba, en *La casa de los espíritus*. El rostro inescrutable del indio quizá se le grabó para siempre desde el interminable viaje en un tren de trocha angosta acompañada de su madre y de sus hermanos, bajo la vigilancia de un indio imperturbable que masticaba coca acuclillado y no dormía jamás. Fue difícil convencer a doña Panchita, agotada por el viaje y las travesuras de sus hijos, que el indio estaba allí para darles protección: ella insistía que debían cuidarse porque el guardián iba a matarlos en cualquier momento.

El tío Ramón es enviado al Líbano en misión diplomática en los años cincuenta, donde permanece hasta 1958 con la llegada de la VI Flota de Estados Unidos. Los marines entran para imponer orden en una tierra dividida política y religiosamente por el creciente nacionalismo árabe.

Estos años marcan la primera adolescencia de Isabel en un país desconocido donde lidia en serio por primera vez con varios idiomas extranjeros. Encerrada con sus hermanos en un departamento estrecho, obligados a aprender francés y algo de árabe para comunicarse en la calle, en un clima caliente, muy distinto al de Chile, la niña tiene deseos de huir. Con la llegada de la hija del tío Ramón, su hermanastra y casi de la misma edad, Isabel se siente postergada: teme que le arrebaten el amor de su madre que fuera exclusivamente suyo por tantos años. Asiste a un colegio inglés, del cual ha escrito en *Paula*: «pulí hasta el ridículo el sentido estoico de la vida». Cuenta que le hacían vestir un uniforme patibulario, una saya de sarga azul con tiras porque «los botones eran considerados frívolos». Sobrevivirá a una dieta de comida inglesa también digna de condenados al patíbulo y aprende a recitar la Biblia de memoria con acento inglés. El tío Ramón la enreda con telarañas retóricas para enseñarle la ambigüedad de la verdad histórica, y la pobre niña aprende «cubierta de sudor pero digna» a defenderse de las emboscadas de la palabra.

Diariamente Isabel es la primera en subir al ómnibus escolar y la última en regresar a casa al atardecer, después de repartir a todas las alumnas del colegio de Miss Saint John. Durante la ocupación de la Infantería de Marina norteamericana, contienda que Miss Saint John considera vulgar porque no participan los británicos, la directora logra persuadir a los controles para que permitan el paso del transporte escolar cargado de sus pupilas. Este trámite se realiza todos los días mientras duran las hostilidades en Beirut. Se oyen las ráfagas de las ametralladoras en las calles ocupadas y entre el humo de los incendios se divisan los cuerpos de los caídos, la gente huye despavorida invocando a Alá, algunos desdichados cuelgan de los postes para escarmiento de los rebeldes. Los padres, uno a uno, empiezan a retirar a sus hijas del colegio. Al final sólo queda Isabel con el chofer paseándose entre el estropicio y las ruinas para no tener que llegar temprano a su casa, mientras el hombre sortea las zanjas y las improvisadas trincheras. Todas las mañanas ella se despide de su madre con la mayor tranquilidad ante la envidia de sus hermanos que la ven salir, hasta que Miss Saint John se ve forzada a cerrar la escuela que ha permanecido abierta hasta el final con una sola alumna: Isabel Allende.

En Beirut, Isabel asiste, muerta de timidez, a su primer baile en la embajada norteamericana. El tío Ramón la ha aleccionado con una frase que no olvidará en los momentos en que recurra a la fuerza de su audacia por el resto de su vida. «Piensa que los demás tienen más miedo que tú.» La moda de esos años era bailar *cheek to cheek*, con los rostros pegados, «lo cual —dice ella riéndose— era una proeza imposible para mí, porque mi mejilla por lo general alcanza al esternón de cualquier hombre normal y en esa fiesta cuando tenía apenas catorce años y además usaba zapatos planos, llegaba al ombligo de mi compañero». Su tamaño, como comprobará muchas veces después, resulta ser su mejor aliado. «Mis compañeros de baile me lanzaban hacia el techo, me daban una voltereta acrobática en el aire y me recogían a ras del suelo, justo cuando iba a partirme la nuca.»

Los consejos del tío Ramón, aparte de iniciarla en la dialéctica sofista, tienen un sentido práctico. Le recuerda a Isabel en este primer baile que debe permanecer cerca del tocadiscos, ya que sólo los jóvenes que bailan son los que ponen los discos. Sobre todo no debe sentarse ni comer nada «porque un muchacho necesita mucho valor para cruzar el salón y acercarse a una chica anclada como una fragata en su silla y con un plato de torta en la mano».

En 1958 Isabel consigue comunicarse con los marines durante la ocupación en Beirut, a pesar de que la jerga que hablan ellos no se parece al inglés británico del colegio. Es el día que recibe su primer beso en la boca, dado por un marine que ella no logra identificar en el recuerdo más que por la sensación que le dejó: «fue como morder un sapo con olor a goma de mascar, cerveza y tabaco». ¡Qué diferente será su reacción al beso de otro gringo, treinta años después en California!

Los tres años pasados en el Líbano no son en vano. La experiencia se filtra en colores, figuras y tipos humanos, sonidos y aromas que permanecen en el subconsciente, listos para surgir e incorporarse al mundo de ficción de Isabel Allende escritora. Zulema, Kamal, Riad Halabí, inolvidables personajes de *Eva Luna* y de *Los cuentos de Eva Luna*, se forjaron en alguna memoria tenue de el Líbano. La lectura prohibida de *Las mil y una noches* data también de esa época. Isabel y sus hermanos aprenden a abrir el armario que el tío Ramón guarda bajo llave con sus preciosos tesoros: cajas de bombones, revistas eróticas de mujeres con portaligas y cuatro volúmenes de *Las mil y una noches*. Los tres hermanos, Isabel, Pancho y Juan, roban la capa inferior de los bombones, uno a uno, cubriéndolos con la capa de arriba, pero son descubiertos y aun bajo amenaza de investigación del crimen, y castigo, no se delatan entre sí. Utilizando una rústica ganzúa, Isabel, a solas, saca el libro escondido cuando los padres asisten a funciones diplomáticas, y a la luz de su antigua linterna lo lee temblando. Suspicaz, se convence del valor del libro, ya que lo guardan bajo llave y eso aumenta su curiosidad. «Al oírlos llegar debía cerrar el armario a toda prisa y volver a mi cama a fingirme dormida. Era imposible dejar marcas entre las páginas o recordar dónde me había quedado y como además me saltaba pedazos buscando las partes más cochinas, se confundían los personajes, se pegaban las aventuras, y así fui creando innumerables versiones de los cuentos, en una orgía de palabras eróticas, de exotismo y fantasía», ha escrito Isabel en *Paula*.

Que Isabel Allende descubriera esta obra clásica de la literatura en tierra islámica es más que una coincidencia. Es uno más de los extraños acontecimientos que marcan su vida. Una adolescente de trece años empieza a intuir su sensualidad entre moros y cristianos por obra de Scherezade. Esa adolescente llegará a convertirse en Eva Luna también por obra de Scherezade. ¿O Scherezade por obra de Eva Luna? Eva Luna, Scherezade moderna, provista de la magia legendaria para narrar historias y salvar su vida por la imaginación.

En *Afrodita*, último libro de Isabel Allende, publicado en 1997, el mundo árabe de los deleites sensuales y el erotismo irrumpe como un estallido de luz en la vida de la autora, después de un largo duelo que duró cinco años.

Humor

¿Cuál es tu libro que contiene más elementos de humor?

No lo he escrito aún. Debo esperar a que se muera mi madre. (*Se ríe con una risa de niña que le ilumina la cara.*)

Empecemos con *La casa de los espíritus*. Los primeros momentos con Clara y el perro *Barrabás* son incomparables. Algunos de mis estudiantes han pasado el semestre estudiando a *Barrabás*; hay gente que recuerda a ese animal más que a los protagonistas de la novela. En *De amor y de sombra* hay páginas donde pasas de la tragedia al humor sin transición. *El plan infinito*, sin embargo, tiene menos humor que tus otros libros. En *Cuentos de Eva Luna* hay cuentos como «María La Boba» y otros donde hay mucha ironía, pero un poco cruel.

El humor siempre contiene una dosis de crueldad. De alguien o de algo hay que burlarse... Pero hay crueldades más benignas.

¿Por ejemplo?

Acabo de terminar *Afrodita* con un cuento que me hizo reír imaginándolo y que no es tan malévolo como otros que se me pasan por la mente.

¿Te refieres a *Colomba en la naturaleza*?

Sí. Es la historia de una gorda deliciosa a quien su esmirriado profesor de arte intenta seducir en un picnic.

Y digo intenta porque una vaca, que no era vaca sino toro, le desbarata los planes...

Me reí mucho con ese cuento, pero si pienso en el pobre profesor, no puedo evitar sentir lástima. Te iniciaste como periodista escribiendo humor.

En la revista *Paula* me contrataron para que escribiera una columna de humor. A partir de esos artículos fui incorporándome de a poco en el equipo de la revista. Era un grupo de mujeres jóvenes, emancipadas, llenas de ideas originales, atrevidas. No era un grupo organizado de feministas, sino de periodistas que trabajábamos en una revista femenina y estábamos descubriendo el feminismo. Mi hija Paula había nacido varios años antes, es pura coincidencia que la revista y ella tuvieran el mismo nombre.

¿Cómo lo hiciste sin haber estudiado periodismo?

A tropezones. En esa época todavía se podía ejercer esa profesión sin haber pasado por la universidad. Empecé en las Naciones Unidas (FAO), como secretaria del Departamento de Información, donde hice un programa de televisión. Eso me conectó con gente del medio periodístico. Luego fui a Bélgica a estudiar por un año. Al regresar a Chile pasé un tiempo fuera de circulación, porque nació mi hijo Nicolás y tuve, por breves meses, la fantasía de convertirme en madre y dueña de casa a tiempo completo. Pronto comprendí que no tengo temperamento para ese papel. Cuando me llamaron a participar en la revista *Paula* me sentí como un náufrago a quien le lanzan un salvavidas. Era pésima periodista, apenas distinguía entre la realidad y mi imaginación. Ponía en boca de los entrevistados mis propias opiniones, pero no es cierto que inventara todo, como creen todavía algunas de mis colegas de entonces. Después que se popularizó la columna que escribía, me ofrecieron un programa de televisión y empecé a tener cierto éxito.

Como Isabel Allende te hiciste conocida por esa columna de humor «Los impertinentes» y otra muy feminista, «Civilice a su troglodita», que debe haber provocado espanto entre los hombres. De eso hace más de veinte años y todavía hay gente en Chile que se acuerda de esos artículos y se lamenta que no sigas escribiéndolos. En «Los impertinentes» aparece por primera vez la flor de nomeolvides. Cuando empezaste a escribir no tenías pelos en la lengua y decías lo que pensabas, aunque después los lectores escribían cartas al editor quejándose de tu descaro.

¡Nada tan sabroso como escandalizar al virtuoso!

¿No pensabas escribir cuentos o una novela en aquella época?

Me gustaba escribir, pero la literatura eran palabras mayores. Convertirme en escritora me parecía una ambición desproporcionada. ¿No eran hombres todos los escritores, y en general viejos?

¿Cuál era tu mayor ambición? Cuando eras una adolescente, la mayoría de las mujeres soñaba con casarse. Los hombres podían ser ingenieros, abogados, médicos, algunos querían ser presidentes. ¿Qué querías ser tú?

Casarme, primero que nada. No había vergüenza peor que quedarse para vestir santos. Tener niños era la consecuencia natural de lo primero. Y siempre quise un trabajo, para no pedir plata a nadie. Una motivación esencial de mi vida ha sido no pedir nada, valerme sola. Lo he hecho desde los diecisiete años, cuando tuve mi primer empleo. Llevo casi cuarenta años trabajando...

Te gustaba escribir y tu columna resultó muy bien recibida. ¿Sentido del humor o irreverencia contra el *status quo*?

No había competencia para el humor en Chile, somos un pueblo con insufrible tendencia a la solemnidad. Cualquiera que se atreva a hacer el ridículo se convierte en humorista.

No creo que sea cierto eso, pero sí creo que lo hiciste en un momento propicio. Las mujeres han sido de una solemnidad literaria que da miedo. Veo surgir en ti el mismo humor, más maduro y triunfante, en tu último libro *Afrodita*. ¿Cómo explicas esta explosión de humorismo después de publicar tus memorias en *Paula*?

Como un síntoma de salud. Estuve paralizada de pena por cuatro años, desde que Paula enfermó a finales de 1991, hasta un viaje a la India en 1995. El 8 de enero de 1996 pude comenzar a escribir de nuevo y cuando lo hice, en vez de la tragedia que tenía planeada, surgió *Afrodita*, un libro de humor y erotismo.

¿Qué humoristas te han inspirado?

No lo sé, francamente. En Chile la gente tiene un maravilloso sentido del humor en privado, pero son tontos graves en público. Hubo una humorista chilena famosa, Eliana Simón, pero se retiró cuando aparecí yo. Digamos que me entregó su lucecita, porque no podemos hablar de antorcha en este caso.

¿De dónde sacabas las ideas?

¿Para burlarme? De los hombres, por supuesto. Son una fuente inagotable. No sabes cuán absurdo puede ser el macho chilensis. Ahora pienso que si algún hombre dijera de las mujeres las cosas que decía yo de los hombres, lo hubiéramos linchado en la calle.

He visto cómo puedes hacer reír a carcajadas a un auditorio, incluso en inglés. El humor es una constante en ti.

Depende del interlocutor, hay gente con cara de palo que me pone de lo más triste. No es cierto que tengo sentido del humor en inglés, los chistes me salen torcidos. Ejerzo el humor en español, principalmente con mi madre y mis amigos. En lo profesional, comprendí temprano que casi todo se puede decir mejor con irreverencia. Mi columna feminista en la revista *Paula* habría sido insufrible escrita en serio, pero el tono la ponía al alcance incluso de los hombres, que, como sabemos, no tienen el menor sentido de autocrítica. Muchos de mis fans eran hombres, que me escribían unas cartas muy simpáticas celebrando mis comentarios sobre los machos cavernícolas. Todos me decían que tenían «un amigo» igual al troglodita de mi columna... Siempre un amigo, nunca ellos.

El humor permite ver las cosas por detrás, desde un ángulo inesperado. ¡Cómo ayuda para desarmar las bombas antes de que estallen! ¿Compartes tu sentido del humor con Willie?

Ninguno de los dos entiende las ironías del otro, pero igual nos reímos. Nos reímos de él.

Hay pocas mujeres que utilicen el humor en la literatura.

Porque tenemos que gastar el humor en sobrevivir no más. Los hombres, que se toman a sí mismos tan en serio, pueden usar el que les sobra para ganarse la vida. La risa es un afrodisíaco estupendo y creo que la combinación de erotismo y humor resulta explosiva. Eso es lo que trato de lograr en *Afrodita*.

Rebeldías y desafíos

Entre los gestos del mundo
recibí el que dan las puertas.
En la luz yo las he visto
selladas o entreabiertas
y volviendo sus espaldas
del color de la vulpeja.
¿Por qué fue que las hicimos
para ser sus prisioneras?

GABRIELA MISTRAL

Alguna vez Isabel Allende ha señalado que su iniciación como novelista fue tardía. ¿Acaso debió empezar a escribir novelas a su regreso del Líbano a Santiago? ¿Quizá se hizo el secreto propósito de escribir poesía postsurrealista o cuentos burgueses? Verónica Cortínez, en su elogioso artículo de título paradójico, «El pasado deshonroso de Isabel Allende», defiende el pasado de Isabel como periodista en Chile a fines de los sesenta y principios de los setenta. ¿Pero quién la impugna? ¿A quién va dirigido su alegato a favor de Isabel Allende? Aunque confunde la flor de nomeolvides —marca personal de Isabel Allende en sus cartas, dedicatorias de libros, tarjetas de agradecimiento— con una margarita, la autora aporta valiosa información sobre la trayectoria periodística de Isabel Allende. Otra escritora, Patricia Verdugo, ha dicho «Los literatos la ignoran en Chile», para demostrar que en contraste el resto del mundo, particularmente Estados Unidos y Europa, la celebran en un crescendo sostenido. Y Delia Vergara sostiene que cada visita de Isabel Allende a Chile es un evento social y periodístico, pero no literario, porque los consagrados de las letras en Chile se esconden cuando ella aparece.

Fue Pablo Neruda quien aconsejó a Isabel que recopilara sus artículos de humor en un libro y ella así lo hizo. En julio de 1974, casi un año después de la muerte del poeta, la editorial Lord Cochrane lanzó una edición de diez mil ejemplares de *Civilice a su troglodita*, selecciones de la columna de humor de Isabel Allende para la revista *Paula*, con ilustraciones de Ricardo Guiraldes. El mismo año publica dos libros para niños en la misma editorial para la colección Zapatito Roto: *Lauchas y lauchones, ratas y ratones* y *La abuela Pancha*, este último con ilustraciones de muñecos por Marta Carrasco. La abuela Pancha, como el nombre indica, es la madre de Isabel, doña Panchita. Juanita, la protagonista del primer cuento, «Juanita en el campo», es sin duda Paula, al igual que Perico, en «Perico busca un amigo», es Nicolás, el hermano menor de Paula, quien vive hoy en California con sus tres hijos pequeños. Los cuentos están dedicados a sus hijos, Paula y Nicolás, de ocho y cinco años respectivamente, cuando se publican. Para Isabel hilar estos cuentos fue obra diaria. En *Paula* le dice a su hija: «Nicolás y tú se criaron oyendo las canciones inglesas de la Granny y mis cuentos. Cada noche cuando los acomodaba en sus camas, me daban el tema o la primera frase y en menos de tres segundos yo producía una historia a la medida; no he vuelto a gozar de esta inspiración instantánea, pero espero que no haya muerto y en el futuro mis nietos logren resucitarla». De sus hermanos, a sus hijos y a sus nietos: tres generaciones de niños se han maravillado con los cuentos de Isabel Allende.

En 1983, Isabel Allende publica en la Editorial Alfaguara de Madrid su alegoría *La gorda de porcelana*, librito con deliciosas ilustraciones de Fernando Krahn. En este relato, engañosamente simple, se advierte la copiosa imaginación de Isabel para crear una fábula sobre el tedio humano y el poder redentor de la fantasía. Es la historia de un tímido notario que descubre en la vitrina de un anticuario una estatua que lo seduce. Es una mujer rolliza de porcelana, mal cubierta por unos velos, con uvas y palomas en las manos. Don Cornelio representa la monotonía de un vivir mecánico y burgués hasta que la magia de la estatua da un giro inesperado a su existencia gris. Poseído de una extraña urgencia al verla por primera vez en la vidriera del anticuario, don Cornelio se gasta el sueldo entero de un mes, que es toda su fortuna, para adquirirla. La gorda de porcelana cobra vida para trastornar a don Cornelio y lanzarlo a un destino insospechado. El hombre se pregunta sobre su utilidad: «Evidentemente no fue diseñada para lámpara, tampoco servirá para colgar abrigos en el vestíbulo y nadie la habría puesto de adorno en parte alguna, pues ocupaba más espacio que una bicicleta y era frágil como una buena intención.» Por el humor y la gracia, el relato trasciende el nivel anecdótico para intimar en la moraleja el deseo de vivir una vida más auténtica. La verdad es que Isabel es don Cornelio, y la rolliza dama, la fantasía. Isabel dejó ese cuento en la recepción de la editorial en 1978, cuando estaba en Madrid separada de su marido. El cuento llegó al escritorio de la directora de las publicaciones infantiles de la editorial, Michi Strausfeld, quien intentó en vano localizar a la autora. Isabel se había marchado de regreso a Caracas a reencontrarse con su familia, sin dejar dirección. Michi Strausfeld esperó pacientemente, segura que tarde o temprano volvería a tener noticias de la autora del cuento, y en 1982, cuando Isabel Allende regresó a Madrid para el lanzamiento de *La casa de los espíritus*, se comunicó con ella de inmediato. Fue Michi Strausfeld quien publicó el cuento en 1983 y quien convenció a la editorial alemana Suhrkamp de que había nacido una novelista interesante. Desde entonces, Suhrkamp Verlag ha publicado con un éxito sin precedentes todos los libros de Isabel Allende en alemán. *La gorda de porcelana*, en cambio, no ha sido reeditada ni traducida porque Isabel nunca estuvo conforme con el resultado.

Cuando a los 15 años regresa Isabel a la casa del Tata, mientras sus padres permanecen alejados de Santiago en misiones diplomáticas, el abuelo descubre que existen grandes lagunas en la formación escolar de su nieta. Le enseñó geografía e historia personalmente y cuando «averiguó que no podía sumar, me envió a clases privadas de matemáticas».

En *Paula* Isabel resume sus conocimientos: «Hasta entonces mi educación había sido caótica, había aprendido algo de inglés y francés, buena parte de la Biblia de memoria y las lecciones de defensa personal del tío Ramón, pero ignoraba lo más elemental para funcionar en este mundo.» Como Isabel lleva al extremo esa característica chilena de no jactarse en público, sino que, por lo contrario, se ríe de sí misma de buena gana y exagera, o inventa, sus faltas es difícil saber objetivamente la verdad. Si a eso se añade el hecho de que realmente le pasan cosas raras y se mete en más de un aprieto por su buen corazón, a la larga se acaba creyendo lo que Isabel cuenta, aunque parezca inverosímil o contradictorio. Ella misma ha dicho que lo que escribe en sus libros, aunque empiece por ser ficción, acaba siendo realidad. Prefiere no imaginar una situación demasiado truculenta —hábito al cual es proclive—, temerosa de precipitar una tragedia de la que termina sintiéndose responsable.

A pesar de su «educación caótica» munida de una buena dosis de audacia e imaginación, Isabel consigue un puesto en la FAO (Organización de las Naciones Unidas para la Agricultura y la Alimentación) invocando la supuesta protección del director, que se encontraba ausente y a quien ella nunca había oído nombrar. Este episodio marca un hito decisivo en la visión totalizante de su vida. «Me sentaron frente a una pesada máquina Underwood y me ordenaron que redactara una carta con tres copias, sin decirme que debía ser comercial. Escribí una carta de amor y despecho salpicada de faltas porque las teclas parecían tener vida propia, además puse el papel carbón al revés y las copias salieron impresas en la parte de atrás de la hoja. Buscaron el puesto donde podía hacer menos daño.» Una vez aclarado el enredo, Isabel empieza a trabajar en el Departamento de Información desde donde, de manera accidental, va a parar a la televisión. Tras este primer contacto con la televisión Isabel continuará más adelante con su propio programa de humor para lograr, en los inicios de los años setenta, ser reconocida por millones de televidentes en Chile. «En la FAO aprendí los rudimentos de periodista y tuve mi primera oportunidad de hacer televisión.» Su programa es el primero en su género dirigido por una mujer.

Su popularidad también proviene de su columna de humor para *Paula*, revista fundada por Delia Vergara en 1967. «Apareció la primera publicación feminista sacudiendo el estupor provinciano en el cual vegetábamos.» La revista se funda subsidiada por un millonario algo excéntrico sin plataforma ideológica, pero Delia Vergara ocupa el foro para divulgar sus ideas feministas. Con un equipo de periodistas profesionales, esta joven resuelta cuyas credenciales más valiosas son su humor insobornable y su talento, entra en la revista a hacerse cargo de la columna titulada «Los impertinentes». «Mi falta de credenciales era bochornosa —ha escrito Isabel Allende con su habitual franqueza en *Paula*—, tenía el cerebro lleno de fantasías, escribía con gruesas faltas gramaticales, pero igualmente [Delia Vergara] me ofreció una página sin poner más condiciones que un toque irónico, porque en medio de tantos artículos combativos hacía falta algo liviano. Acepté sin saber cuán difícil es escribir en broma por encargo.»

Tomás Allende, se lee en *Paula*, fue demasiado inteligente y desprejuiciado para el Chile de los años cuarenta. Su hija Isabel, inconfundible en su viejo auto Citroën pintado de margaritas y angelotes como una «cortina de baño», logra sacudir a Santiago de su modorra con el desparpajo de su humor feminista. Isabel Allende también es demasiado inteligente y desprejuiciada para la sociedad de su época. No acepta que existan reglas diferentes para la mujer y el hombre. No admite el doble criterio ni de pensamiento ni de obra.

En su columna para la revista *Paula* Isabel enfoca la eterna batalla de los sexos desde un ángulo feminista, ingeniosamente burlón y atrevido: «Por el placer de escandalizar al prójimo era capaz de desfilar por la calle con un sostén ensartado en un palo de escoba.» Se necesitaba una buena dosis de valor para enfrentarse con el Chile de los años sesenta. «El ambiente prudente y moralista, la mentalidad pueblerina y la rigidez de normas sociales de esos tiempos en Chile eran agobiadores.»

Como periodista, cuestiona todo lo institucionalmente sagrado. El frenesí colectivo ante las telenovelas, la farsa política, la infidelidad del macho latino, el espíritu mercenario de la Navidad, las vacaciones familiares en la playa, los tratamientos de belleza y hasta recetas afrodisíacas para seducir a un hombre aparecen en su columna semanal, alterando la paz provinciana de Santiago.

En 1967, en el número 5 de *Paula*, Isabel Allende resume la trayectoria del hombre de las cavernas al siglo xx, pasando jocosamente por varias edades históricas. Basten tres ejemplos para ilustrar su humor. «El hombre del Imperio romano se dedicaba a las orgías y a matar cristianos. Las orgías dieron comienzo a la actual explosión demográfica y al desarrollo de la industria vitivinícola. [...] El hombre del Renacimiento era galante, recogía el pañuelo de la amada y no se sonaba con él. Moría de tuberculosis, de amor, o en un duelo. [...] El hombre del siglo xx vive en ratoneras de cemento, come conser-

vas, compra a crédito, planifica la familia, anda en mi-
crobús y cree en las estadísticas. Nace con parto sin dolor, vive aburrido y muere de cáncer.»

En su columna sobre el donjuán moderno, la periodista advierte a sus lectores: «Es galán por vocación, es
un conquistador que anda coleccionando amores como
filatélico estampillas. Aprendamos a conocerlo, a com-
prenderlo y a resistirlo.» Reconoce ocho tipos de don-
juanes. Veamos el último de la lista. «El donjuán maduro: pasó el medio siglo, pero anda con la panza hundida,
desplegando energía y encanto. Llega a su casa y se de-
sinfla como un globo, se pone pantuflas y se toma la pre-
sión.»

Igualmente se ríe de los maridos, a los que clasifica
de la siguiente manera: marido americano, marido de la
fulana, marido enamorado de su mujer (véase marido de
película), marido infiel, marido elegante, marido cariño-
so, marido sumiso, marido ideal, marido latino y marido
de vacaciones. Del penúltimo dice: «No confundir al marido latino con el amante latino, su antónimo. Estos
maridos varían según sean mejicanos, italianos, bolivia-
nos, cubanos o chilenos. El factor común es que desean
a la mujer de su prójimo.»

Con un solo trazo veloz, entre bromas y veras, Isabel
desafía al machismo imperante en las sociedades latino-
americanas y las prácticas sociales que no se discuten,
pero se aceptan tácitamente. Esta periodista sediciosa e
iconoclasta se pone a revolver el avispero en los años sesenta, mientras se burla de todo el mundo. A pesar de
que las cartas al editor le vaticinan horrores, la autora
de estas diatribas feministas goza de la compañía de un
hombre, su marido Miguel Frías, que la quiere, la respe-
ta y no interfiere en su trabajo. Isabel es la única del
equipo de la redacción de *Paula* que puede resistir los
embates de la sociedad chilena contra el feminismo. Sus
compañeras acaban divorciándose en los años setenta.

En la dedicatoria de *Civilice a su troglodita* se lee: «Está dedicado con amor a quienes lo inspiraron: los hombres en general y uno en particular (Miguel Frías).»

Por su humor irrefrenable no puede resistir la tentación de hacer una broma, dada la oportunidad. Sin quererlo, acaba siendo tan corrosiva como Tomás Allende, su padre, satirizando programas de teatro y televisión hasta tal punto que logra que se cancelen. En una visión retrospectiva, desde la atalaya de hoy, Isabel ha lamentado el furor de sus campañas combativas del pasado. «Por hacer un chiste era capaz de destruir a alguien. No volvería a hacerlo, de eso me arrepentiré hasta el último día de mi vida.» Sin embargo no se ha curado de ese atrevimiento. En marzo de 1994, en el Palacio de La Moneda donde su tío Salvador Allende muriera veintiún años antes, al aceptar en una solemne ceremonia el premio Gabriela Mistral de manos del presidente Patricio Alwyn en Chile, Isabel dice: «Supongo que la mayoría de las mujeres se siente cómoda en su condición femenina. A mí me costó cuatro décadas aceptarme, antes quería ser hombre. No era envidia freudiana ¡por favor! ¿Quién puede envidiar ese pequeño y caprichoso apéndice? Francamente, si tuviera uno no sabría donde ponerlo... Disculpe, señor presidente, hablo en general, no me refiero a nadie en particular.»

Sobre los artículos de esa época feminista ha dicho: «... si cualquier hombre se atreviera a escribir con tanta insolencia sobre el sexo opuesto, sería linchado en una plaza pública por una turba de mujeres enfurecidas, pero a mí nadie me tomaba en serio». Aún hoy le gusta escandalizar a los hombres en sus conferencias. En una ocasión, en la universidad, un hombre que había ido a escucharla me preguntó desconcertado: «¿Por qué ataca a los hombres de esta manera?» Y yo le respondí: «Porque los quiere mucho.»

El tema del erotismo la inspiró para escribir su último libro, *Afrodita*, publicado en 1997. En esta obra las recetas afrodisíacas son *bona fide* y funcionan, garantiza la autora. Sin embargo, merecería la pena haber incluido la receta que apareció en *Civilice a su troglodita* veintitrés años antes. Su autora afirma que es del *Gran libro de San Cipriano* y «que es sencilla y barata». Aquí va entera:

«Tómese la grana de limpaza y macháquese en un almirez de mármol. Añádase después el testículo izquierdo de un macho cabrío de cuatro años, de lana negra y un pellizco de polvos resultantes de los pelos de lomo de un perro blanco, cortados el día primero de novilunio quemados siete días después. Todo esto se pondrá en infusión en un frasco a medio llenar de buen aguardiente, dejándolo destapado durante 21 días, exponiéndolo a la influencia de los planetas. Pasado ese plazo se pondrá a cocer hasta que la mixtura reducida quede como papilla espesa. Filtrado ya el líquido se frotará sobre las partes del hombre.»

A modo de advertencia, la autora añade: «Es posible que no encuentre todos los ingredientes en el supermercado, pero quien busca, encuentra. Tampoco resulta claro sobre cuáles partes hay que frotar esta receta, de manera que recomendamos preparar la dosis doble y echársela por todo el cuerpo.»

Cuando Isabel Allende ataca en su columna la telenovela *La Gata*, la reacción pública es feroz. En una carta abierta a la editorial, Carmen Gómez de Rancagua le dice, entre otras cosas: «...un artículo de Isabel Allende sobre *La Gata* que ha caído muy mal a toda la opinión de sus fervorosas lectoras (de su revista, no de sus artículos). Ella habla de comparsa... La periodista demuestra envidia del triunfo de este elenco tal vez porque ella quiso entrar en la televisión... «Yo no tengo inconveniente en que mis hijos vean *La Gata* pero no permito que lean los artículos de esta periodista y apagué la televisión cuando apareció en el programa *Buenas noches*. No acepté que mis hijos la escucharan a ella.» Un lector masculino la increpa enfurecido para prevenirla de que deje de escribir la columna «Civilice a su hombre» porque se va a convertir en el «hazmerreír de Santiago». Asume que ella escribe así porque se ha quedado para vestir santos y está desesperada por conseguir marido. Tal es su encono que finalmente le aconseja: «Luche contra su complejo o contra su vida fracasada, ánimo. P.D. La desafío a que me publique la carta íntegra en *Paula*. Ud. ha logrado que yo la odie con toda mi alma. Saluda atentamente, Max M. M., Santiago.»

Mientras tanto Isabel Allende, felizmente casada y madre de dos hijos, vive una vida plena como consejera del «Correo del amor», resolviendo problemas a los enamorados para lograr una tierna reconciliación bajo el seudónimo de Francisca Román, escogido pensando en su madre, Francisca, y su padrastro, Ramón. También entrevista tanto a asesinos, drogadictos y prostitutas como a políticos y empresarios en su programa de televisión y dispensa a su familia todos los cuidados de su colosal energía, echándose encima las responsabilidades del hombre sin asumir ninguno de sus derechos en la práctica de un feminismo entendido a medias.

Pocos escritores han podido mostrar la versatilidad de Isabel Allende. En los tiempos modernos se registran algunos autores que escribieron obras maestras para mayores e inolvidables cuentos para niños. Entre ellos, Selma Lagerlöf, sueca, premio Nobel de Literatura en 1909, primero otorgado a una mujer; Gabriela Mistral, chilena (también Premio Nobel); Alfonsina Storni, argentina; Juana de Ibarbourou, uruguaya; C. S. Lewis, inglés, y el colombiano, Gabriel García Márquez, que empezó la narración de «El mar del tiempo perdido» para una colección de cuentos infantiles y luego cambió su derrotero. Circulan entre sus cuentos y guiones cinematográficos narraciones de relatos que inventó para sus hijos pequeños, Rodrigo y Gonzalo. Y pocos escritores han inspirado tanto con su obra a otros creadores. Se han filmado películas con *La casa de los espíritus* y *De amor y de sombra*; a esta fecha están en proceso de producción *Eva Luna* y su cuento «Camino al Norte». En teatro se ha montado *La casa de los espíritus* en una larga producción en Londres y otra en Puerto Rico, *Los cuentos de Eva Luna* en Denver, Colorado; una obra musical con *Eva Luna* en Islandia y *Paula* en San Francisco. En Alemania se hizo una ópera con su cuento «Una venganza» y en Estados Unidos un ballet con «Niña Perversa».

En las obras teatrales de Isabel estrenadas en Chile —*El embajador*, 1971; *La balada del medio pelo*, 1973, y *Los siete espejos*, 1974— se perfila entre risas y lágrimas la conciencia social de nuestra autora. A partir de *La casa de los espíritus*, con la excepción de *Afrodita*, su obra acusa un compromiso social ineludible.

A punto de emprender rumbo hacia el exilio en Venezuela, profundamente afectada por el golpe militar de 1973, Isabel Allende escribe una de sus últimas columnas humorísticas para *Paula*, atacando hasta donde lo permite la censura militar la corrupción que empieza a extenderse en Chile. En abril de 1974, se ve en su columna este título: «Los piratas: Los piratas no tienen que ganar un sueldo con el sudor de su frente; lo logran con el sudor del ajeno. Estiran la mano —con una pistola en ella— y se apoderan de los bienes de sus víctimas. Cuando yo era joven creía que los piratas eran esos que andaban con un parche en el ojo y una pata de palo, pero ahora conozco unos que andan con terno de Juvens y zapatos de Jarman. Cuando están satisfechos con sus tesoros acumulados, hacen política y se sientan a gobernar... a menos que suceda algo inesperado y se queden, como en Chile, con un palmo de narices.» La alusión es clara y le va a costar represalias.

La casa de los espíritus

Me interesa conocer la conexión entre los personajes de la novela y los seres de carne y hueso que vivían contigo. ¿Se parece tu tío al Marcos de *La casa de los espíritus*?

Hay dos personajes en *La casa de los espíritus* basados en Marcos. Era en la vida real un tío inefable.

¿Y el otro tío?

El personaje de Jaime está basado en mi tío Pablo, pero en la vida real no murió asesinado, como conté en el libro, sino en un accidente aéreo. Iba en una avioneta cruzando el desierto de Atacama, en el norte de Chile, cuando la máquina explotó en el aire. No quedó nada... Aún recuerdo la cara de mi abuelo cuando le dieron la noticia: una máscara pétrea, no le salió una lágrima y no volvió a mencionar el nombre de ese hijo adorado, su favorito, su confidente y amigo. Éramos estoicos, el ejemplo lo daba mi abuelo. Y el dolor era muy privado. Mi abuelo jamás habría aprobado la exhibición pública del sufrimiento que hice en *Paula*. El tío Pablo no era médico, como Jaime, tampoco se mezcló en política, pero era una persona derrotada por su buen corazón, ocupado siempre de ayudar a los demás, amigo de cuanto desamparado cruzaba su camino, tal como Jaime.

Por lo visto esos tíos fueron importantes en tu niñez.

Con parientes como ésos no hay necesidad de inventar nada, ellos solos cumplen con todos los requisitos del realismo mágico. La mía era una familia de hombres: abuelo, tíos, hermanos. En *Paula* describo los juegos bruscos: molestar a los niños lo más posible para hacerlos fuertes. Si sobrevivíamos, podríamos resistir cualquier cosa. No existían las teorías modernas de psicología infantil, la niñez no era una época feliz, por el contrario, era una desgracia ser niño y el único consuelo es que de eso todo el mundo se cura. Mis tíos no me hacían la vida fácil, sólo me fastidiaban.

Tu infancia difiere en ciertos aspectos de la de Alba, pero cronológicamente y por carácter es el personaje al que más te pareces.

Ninguno de los personajes de *La casa de los espíritus* es exactamente como los miembros de mi familia, excepto tal vez Clara. Ella era como la abuela que recuerdo y que me han contado, aunque está levemente exagerada. No es cierto que pudiera tocar el piano con la tapa cerrada; nunca aprendió a tocar el piano. Esteban Trueba está basado en mi abuelo, pero cambié su biografía y exageré sus defectos. El Candidato —más tarde llamado Presidente— es, por supuesto, Salvador Allende; el Poeta es Pablo Neruda y la inspiración para Pedro Tercero García es Víctor Jara, el cantante de protesta torturado y asesinado en el Estadio Nacional, convertido en prisión durante los primeros días del golpe militar de 1973.

Noto en ti, en tu vida y en tu obra un gran sentido de preocupación social. Es una de las cosas que más me ha llamado la atención. Al principio, confieso que me gustaba el argumento como a todo el mundo, tu capacidad de moverte de una situación a otra con velocidad, apasio-

nando al lector por el desenlace, que es básicamente lo
que un gran narrador logra, pero luego empecé a notar la
importancia de lo que se llamaría la conciencia social.
¿Qué pasaba en Chile políticamente en aquella época y
por qué crees que nace tu conciencia social? ¿Es solamente por influencia de algunos miembros de tu familia
o hay algún elemento externo que la activa?

La injusticia social es tan abrumante en América Latina que sólo un cretino dejaría de verla. La percibí apenas tuve uso de razón. No era un tema que se hablara en
mi familia. Cuando digo que vengo de una familia muy
política, me refiero a los Allende y posteriormente a la
familia formada por mi madre y mi padrastro. Pero en
la casa de mi abuelo reinaba un clima conservador, no
era gente politizada; para ellos las diferencias económi-
cas y sociales eran naturales, parte del orden divino. Sin
embargo, había un deseo de ayudar a los pobres, que mi
abuela implantó por sentido de caridad cristiana, más
que de justicia social. Sin embargo, instintivamente
supe siempre que la caridad es humillante para quien recibe; me rebelé desde temprano contra el sistema de clases sociales, contra la forma en que trataban a las empleadas, contra esa división dentro de la casa entre los
cuartos ocupados por la familia y, cruzando una frontera invisible, la región sombría de los patios, la cocina, las
piezas de empleadas, los lugares donde habitábamos nosotros, los niños. José Donoso describe eso magistral-
mente en sus novelas. La sala, el comedor, la biblioteca
estaban siempre impecables, pero la cocina era un chi-
quero. Los cuartos de las empleadas eran unos zocavo-
nes oscuros e insalubres. Nuestra casa no era excepcional, así eran todas, nadie lo cuestionaba. Sin embargo,
yo siempre lo sentí como una afrenta personal.

Cuando presentas a Nívea, en *La casa de los espíritus*, aunque nunca das una clave cronológica discernible, la haces ducha en los primeros pasos del feminismo en Chile y la invistes de una conciencia social que, en realidad, después no aparece en las otras protagonistas hasta Alba. ¿En qué momento pasa eso en Chile? ¿Es a comienzos del siglo xx?

Nívea debió existir a fines del siglo pasado y comienzos del siglo xx, cuando las sufragistas andaban todavía con corsé, faldas y cabellos largos, encadenándose en las rejas del Congreso, ante el estupor de sus propios maridos. En Europa y Norteamérica peleaban por el voto femenino, convencidas de que una vez obtenido, todo lo demás se conseguía fácil. En Chile las sufragistas se dieron por lo general entre las clases sociales altas, donde algunas mujeres eran educadas y tenían acceso a la información. En esa novela Clara también tiene conciencia social, ¿recuerdas sus arengas entre los campesinos?

Claro que sí. ¿Existió alguien en tu casa semejante a Nívea? Porque estamos de acuerdo en que Clara tenía la dulzura de tu abuela.

No, que yo sepa.

Has dicho que empezaste *La casa de los espíritus* como una larga carta a tu abuelo. ¿Cómo es que al comienzo aparece un personaje tan insólito para una familia chilena de la clase media alta: una mujer cargada de hijos con tiempo para el trabajo social? Mi impresión es que el principio de la novela es una fantasía basada en la realidad histórica chilena, pero se desborda hasta que entra Esteban Trueba con una actitud distinta. El comienzo, con el sermón desaforado del padre Restrepo, da la tónica.

Nívea no era insólita, casi todas las mujeres de entonces, incluso las sufragistas, estaban cargadas de hijos. El padre Restrepo existió y sus sermones eran exactamente así, no tuve necesidad de inventarlos. Con la lengua, ese cura podía matar de miedo al más bravo.

Empieza como con una ráfaga de locura apasionante. Te metes en el corsé de Nívea y el lector se avispa de golpe. No sé si intentabas ser realista o si estabas ensayando tu sentido del humor innato; esa tendencia que tienes al desborde, a la exageración, a la risa.

Cuando empecé *La casa de los espíritus* escribía para mi abuelo o, mejor dicho, para el espíritu de mi abuelo. Escribí la primera frase: Barrabás *llegó a la familia por vía marítima*, y lo único que sabía era que *Barrabás* era un perro, porque tuvimos uno con ese nombre. A partir del perro fui enlazando lo demás. Y me fui muy atrás y, tal como dices, se me desbordó la imaginación, quería escribir sobre mis abuelos, pero me traicionaron las ganas de contar. ¿Por qué partí hablando de Nívea? No sé. Preguntas si fue un ejercicio consciente de humor... No hubo conciencia de nada. *La casa de los espíritus* fue como abrir una compuerta y un torrente de palabras, historias, cuentos, imágenes, colores, sabores y recuerdos se me vino encima, me arrolló y me dejó patas arriba hasta el día de hoy. Nunca me repuse del tremendo impacto de ese torrente. Cambió mi vida.

¿No tenías un guión, un plan para escribir?

No hice un guión, escribía a borbotones. La verdad es que siempre escribo a tientas, no soy capaz de seguir un plan. Cuando terminé el libro había personajes que no habían envejecido; habían pasado setenta años de historia y ellos seguían de dieciocho años. No puedes imaginar las contradicciones, los errores de tiempo y lugar... Mi marido de entonces, Miguel Frías, que es ingeniero, hizo una especie de mapa y lo pegó a la pared para que yo pudiera seguir las vidas de los personajes y los tiempos. Era muy confuso, se necesitaba alguien con mentalidad matemática para desenredar la historia. Me pides que te revele mis intenciones, honestamente confieso que no tenía ninguna, sólo ganas de contar.

¿Dirías que ese libro fue una explosión creadora, algo que tenías guardado en el subconsciente y al salir se desbordó, echando a rodar la historia de una familia que el exilio definió en la distancia?

Exactamente. Tratando de recuperar a las personas de mi familia, terminé escribiendo algo que no se parecía a ellos. Se basaba en la vida de mi familia y en la historia de Chile, pero era más ficción que realidad. Varios parientes me quitaron el saludo, pero con el tiempo se han reconciliado con la novela y ahora resulta que la historia oficial de mi familia es el libro.

Conozco un profesor que ha estudiado el libro en detalle y al seguir página a página los hechos, comprobó que coinciden exactamente con eventos históricos de Chile. El terremoto, los acontecimientos políticos y so-

ciales, todo eso le dio la pauta para poner fechas pre-
cisas a cada capítulo.

¡No creas que eso resultó por casualidad!

La casa de los espíritus **es tu libro más extenso. Vamos
al proceso de su creación.**

Tardé un año, escribiendo sólo de noche. Trabajaba
doce horas diarias en un colegio. De siete de la mañana
a una, en primaria, y de una a siete de la tarde en la secundaria; no tenía ni media hora libre para almorzar.
Por la noche regresaba a casa, que por suerte quedaba
muy cerca, cenaba con la familia y después me daba una
ducha para lavarme con agua y jabón la fatiga del día y
me ponía a escribir hasta que me vencía el sueño. Alqui-
lábamos el segundo piso de una casa en las Colinas de
Bello Monte en Caracas, Venezuela. La casa quedaba en
un cerro empinado, tenía una buena vista de la ciudad.
Abajo vivía la dueña y arriba nosotros. Era una construcción muy fea, pero cómoda, bien ubicada y fácil de
limpiar. Al principio escribía en el comedor después que
la familia cenaba, pero como la televisión quedaba allí
mismo, pronto me instalé en la cocina. Hacia el final
puse una mesa en el dormitorio.

¿No estaba Miguel?

Sí, pero a él no le importaba. Al contrario, creo que
estaba muy contento, así no lo molestaba. He notado
que cuando no estoy ocupada mi familia se pone ner-
viosa...

Supongo que los niños también dormían y que al día siguiente la única trasnochada eras tú.

La escritura era como una droga que me mantenía alerta, despierta, fuerte y sana. Todavía lo es, cuando no escribo, engordo.

¿Le leíste a alguien lo que escribías durante esa época?

Nunca lo hago, no me gusta mostrar el trabajo antes que está terminado, es como pasearme en ropa interior... ¿Para qué lucir la celulitis si con medias me veo mucho mejor? Al final le muestro el texto a mi madre. Su primera reacción cuando leyó el manuscrito de *La casa de los espíritus* fue de horror. Cuando llegó a la parte del conde de Satigny me dijo «¿cómo puedes revelar estas cosas de tu padre? ¡Y hasta le pusiste su apellido!» Entonces me di cuenta que mis peores fantasías sobre mi padre eran verdad. En la primera versión el conde se llamaba Bilbaire. Yo no sabía, o no me acordaba, que uno de los apellidos de mi padre era Bilbaire. Tal vez lo escuché alguna vez en mi infancia y lo retuve, pero al nombrar al personaje no tuve conciencia de la similitud. ¿No he contado esto en *Paula* o en alguna otra parte? Me suena a historia antigua...

No te preocupes, las repeticiones en estos casos son inevitables. Dijiste que Miguel te puso los personajes en un cuadro, algo así como un árbol genealógico. ¿Cuándo lo hizo?

Cuando estuvo el libro terminado, después que lo corrigió mi madre, lo leyeron mi marido y Paula.

Veo que no figura un personaje llamado Bilbaire...

Tuve que cambiar el nombre a pedido de mi madre. Debí escoger uno que tuviera más o menos el mismo número de letras, debía borrar con Typex, poner cada página en la máquina y escribir la nueva palabra en el espacio. Por eso escogí Satigny. Teníamos una bandeja con un mapa de Francia y allí descubrí un lugar con ese nombre.

Qué fenómeno extraño el de la memoria subconsciente de un niño que oye y olvida y guarda para el día en que lo necesite, o quiera recordar. Es como poner dinero en el banco.

Mi madre fue la primera que dijo: «esto parece una novela». Ella corrigió el lenguaje y me dio algunas ideas sobre la forma. Miguel y Paula, que entonces apenas tenía diecisiete años, analizaron el contenido, se fijaron en los errores e inconsistencias. Debí mover todo, del terremoto para adelante, porque las fechas y las edades de los personajes y la época no coincidían con la historia de Chile. Fue como meter el cuento en una camisa de fuerza.

Me pregunto si te diste cuenta cabal de lo que habías hecho. Si pensaste que serías una gran escritora. ¿Lo imaginaste alguna vez?

¡Claro que no! ¿Cómo iba a suponer que iba a tener tanta suerte? Siempre me atrajo contar cuentos; antes me decían mentirosa, ahora que me gano la vida con estas mentiras, resulta que soy escritora.

¿Qué resolviste una vez terminado el manuscrito de *La casa de los espíritus*?

Mi madre, bastante más avispada que yo, lo mandó a un editor, amigo suyo, pero la respuesta fue negativa. Lo presentamos a varios otros, pero no contestaron. Yo conocía a un editor chileno en Caracas, que también lo rechazó, pero su asistente, que era una periodista en exilio, me dijo que ella había leído el manuscrito y creía que tenía posibilidades. Me sugirió buscar un agente literario.

¿Piensas que el hecho de que fuera escrito por una mujer tuvo algo que ver con la reacción negativa inicial?

Seguramente. Todavía me encuentro con hombres que me anuncian orgullosos que ellos no leen literatura de mujercitas. Hace poco me llegó una carta de una estudiante de literatura en México, a quien su profesor le prohíbe leer mis libros porque son literatura *light* y se burla de los poemas de sus alumnas porque son «descarga ovárica».

¿Esos editores que rechazaron *La casa de los espíritus*, la leyeron, al menos?

No lo sé...

Me has dicho que Carmen Balcells hizo un arreglo con Plaza y Janés, en España. Ella les ofreció el libro de un autor de renombre si aceptaban también el tuyo, ¿no es así?

No recuerdo exactamente su estrategia, pero fue algo por el estilo. Mi libro salió a la cola del contrato de un autor famoso. Ese mismo año mi novela fue la gran novedad en la Feria del Libro de Francfort. Se corrió la voz y todos los editores europeos se interesaron; el primer contrato en traducción fue con Fayard en Francia, después Alemania, los países escandinavos, Italia, etc.

¿Cuál fue el tiraje de la primera edición de tu novela?

No tengo idea, pero supongo que Carmen lleva las cuentas.

¿Te acuerdas de la primera portada?

Era rosada con una mujer con pelo verde, horrorosa, pero a mí me pareció espléndida. El tío Ramón se puso en contacto con un amigo diplomático en la embajada de Chile en España, quien envió por un correo especial los primeros ejemplares, recién salidos de la imprenta. Yo estaba en Caracas preparándome para viajar a Madrid a la presentación del libro, invitada por la editorial. El tío Ramón ofreció una comida en su casa y a la hora del postre me tomó de la mano, me llevó a su habitación diciendo que tenía un regalo para mí. Sobre su cama había varios ejemplares de *La casa de los espíritus*. Fue tal la impresión, que se me saltaron las lágrimas. Siempre digo que vi el libro por primera vez en El Corte Inglés, en Madrid, pero no es verdad, lo vi sobre la cama del tío Ramón. ¿Ves por qué quiero tanto a mi padrastro? Tiene gestos de soberano.

¿Te cortaron mucho del manuscrito original?

Ni una palabra. Supongo que corrigieron las faltas de ortografía.

¿Te han cortado el original alguna vez?

No, pero una vez me preguntaron mis editores en Finlandia si podían cortar un quince por ciento del libro porque en su idioma era muy largo. ¿Quince por ciento de qué? ¿De cada frase? ¿Cada página? Una novela no es un salchichón. Carmen lee los manuscritos, me da sus comentarios, luego van al editor y se publican. Nadie, excepto mi madre, corrige mis libros.

Cada vez que voy de viaje encuentro nuevas ediciones de cada libro, sobre todo de *La casa de los espíritus*. ¿Cuántas portadas diferentes recuerdas?

No sé... docenas tal vez. Hay una para cada idioma, para diferentes colecciones, para los clubes, los libros en rústica, etc. He tratado de mantener una colección de primeras ediciones, pero me faltan muchas. Hay países que publican mis libros y ni siquiera tienen la cortesía de mandar un ejemplar justificativo. Otros donde hacen ediciones piratas y no pagan los derechos. Es un honor, pero desde el punto de vista financiero no creas que conviene.

Supe que en Chile se montó una editorial clandestina para piratear *Paula*. Se vendía el libro por la calle, en los autobuses, en el cine, como maní tostado. ¿Cuándo te diste cuenta cabal, y de qué manera asumiste esa realidad, de que te leían en Europa, en Estados Unidos, en América Latina, en el mundo entero?

Fue algo paulatino...Todavía me cuesta imaginar el alcance que han tenido estos libros, es un milagro.

Al releer *La casa de los espíritus*, como hago cada vez que enseño el libro en mi clase de literatura, me ha entrado la sospecha de que las cuatro protagonistas son diferentes aspectos de la misma mujer: tú.

Es una teoría interesante. No son aspectos de mí, pero pueden ser aspectos de un mismo personaje, una mujer muy compleja motivada por el amor. Nívea, Clara, Blanca y Alba tienen rasgos comunes: no calzan en su medio, se rebelan contra la autoridad masculina, tienen inquietud social, son románticas y con sentido de la familia y del honor.

Todas tienen capacidad creadora: Clara escribe en sus cuadernos, Blanca hace sus pesebres, Alba pinta un mural infinito; incluso Rosa, la bella, borda un mantel interminable. ¿No es éste un aspecto tuyo también?

Dicen que los novelistas sólo escriben sobre sí mismos con diferentes máscaras. Somos unos vanidosos incorregibles.

Un destino escogido

Eras una hoguera
de estupor mientras
tu sed ardía.

PABLO NERUDA

Desde niña ha soñado con hazañas heroicas, ayudar a los desvalidos, fundar un asilo de huérfanos, desfacer entuertos; «taparía con un dedo el hoyo del dique y salvaría otra aldea holandesa...», escribió en *Paula*, refiriéndose a la leyenda de Hans en el pueblo de Harlem, Holanda. Atiborrada de libros de aventuras leídos a escondidas, alentó la ilusión secreta de llegar a ser Tom Sawyer, el Pirata Negro o Sandokán. Después que leyó a Shakespeare, incorporó la tragedia en su repertorio porque «quería ser como los personajes espléndidos que después de vivir exageradamente, morían en el último acto». A través de sus viajes y andanzas por el mundo creció su reino interior de fantasía. Su programa de televisión y su columna en la revista *Paula* le trajeron reconocimiento y popularidad, particularmente del sector joven de la población que se identificaba con sus ideas liberales. Sin embargo, no quiso pensar que su trabajo en Chile como periodista fuera excepcional. El exilio en Venezuela, después del alzamiento militar en 1973, la golpeó fuerte. Allí se vio privada de todo lo que había sido antes. «El sentimiento de soledad arrastrado desde la infancia se hizo aún más agudo, pero me consolaba la vaga esperanza de estar marcada por un destino especial que se me revelaría algún día.»

Para realizar su destino, tendrá que zozobrar varias veces su nave y perder a algunos de los tripulantes que se embarcaron con ella. Para cumplir su destino escogido, al igual que el héroe clásico de la tragedia griega, Isabel deberá conocer el infortunio, caer vencida más de una vez y levantarse de nuevo para llegar a Ítaca.

El 11 de septiembre de 1973, cuando Isabel tiene 31 años de edad, esposa enamorada de Miguel Frías, madre feliz de Paula y Nicolás, su vida personal tuerce su rumbo en una dirección imprevista. Hasta esa fecha su vida ha sido agitada pero llena de recompensas. Se acostumbró a pensar que nada malo podía pasarles, si nada malo hacían. Era cuestión de seguir las reglas del juego. A partir del golpe militar, Isabel toma conciencia cabal de la suerte de su prójimo. Persecuciones, torturas, ejecuciones sumarias, asesinatos, hambre, terror, rabia, impotencia, mucho dolor, trastornan la vida de la mayor parte de la gente en Chile. Isabel sintió que «los demonios se habían escapado de los espejos y andaban sueltos por el mundo».

Por las calles patrulladas noche y día por soldados con armas en ristre, se desplaza Isabel en su Citroën pintarrajeado declarando su presencia a voces. La misma que ha recogido perros enfermos y ayudado a sacerdotes en las *villas miseria*, suele ayudar a víctimas de la dictadura a buscar asilo en embajadas, ocultarse o salir del país. Después de recibir amenazas y perder su trabajo en la revista *Paula*, en la revista infantil *Mampato*, que hasta entonces había dirigido, y en la televisión, comprende que al llevar el nombre de Allende, aun cuando sus actividades clandestinas no hayan sido descubiertas, corre peligro. Sobre todo, esta mujer rebelde, que se ha caracterizado por desafiar toda forma de autoridad, no puede ni desea vivir en una dictadura.

Sale de Chile rumbo a Venezuela en 1975, y no regresará a su patria hasta trece años después cuando se anuncia un plebiscito en Chile. Dice entonces: «No vol-

ví a pensar en términos de destino hasta que el golpe militar me enfrentó brutalmente con la realidad y me obligó a cambiar de rumbo.»

El presidente de Venezuela en 1975 era Carlos An-
drés Pérez. Durante su gobierno Venezuela seguía en el
apogeo del esplendor económico del petróleo. Yo estuve
en Caracas en enero de 1976 y recuerdo la abundancia
de sus festejos públicos y reuniones sociales. En una
ocasión asistí a una fiesta donde pasaban bebidas, los famosos «palos» venezolanos, acompañados de los más fi-
nos *hors d'oevre*, «pasapalos». Noté con estupor que apenas bebía un sorbo de mi vaso lleno del mejor whisky
importado, el mozo me lo reemplazaba de inmediato por
otro de lo mismo hasta el borde. Ese país era entonces el
mayor consumidor de whisky y champán per cápita del
mundo.

Venezuela había abierto generosamente las puertas a
los refugiados que venían del cono sur. En Chile, Argentina y Uruguay gobernaban dictaduras militares y los
exiliados políticos pertenecían en su mayoría a grupos
profesionales de la clase media equipados para contri-
buir a la floreciente economía venezolana. Pero fueron
tantos los refugiados e inmigrantes llegados al país, que
despertaban recelo y suspicacia; los llamaban despectivamente «paquetes chilenos» y «los del coño sur» y había gran animosidad contra ellos entre quienes sentían
que los extranjeros habían llegado a desplazarlos.

Los venezolanos eran muy distintos a los chilenos.
«Los hombres alardeaban de poder y virilidad, ostentan-
do cadenas y anillos de oro, hablaban a gritos y bromea-
ban siempre con el ojo puesto en las mujeres. A su lado
los chilenos con sus voces atipladas y su lenguaje cargado de diminutivos parecían alfeñiques.»

La incorporación a una nueva sociedad, aunque sea
de una cultura semejante a la propia, cuesta. Latinoamérica no tiene la movilidad ni la permeabilidad de Estados

Unidos para aceptar a los extranjeros de entrada. Para Isabel, los años iniciales de Caracas son de parálisis, cumpliéndose así una de las profecías de una vidente argentina, quien le pronosticó en 1972 que Salvador Allende caería en un baño de sangre antes de un año, que uno de sus hijos, Paula, sería conocida mundialmente y que después de años de inmovilidad ella se destacaría en el teatro o la literatura. «Desde que crucé la cordillera que marca la frontera de Chile, todo empezó a ir mal y fue empeorando en los años siguientes.»

Aunque nunca había nadado en la abundancia, Isabel tampoco había conocido la estrechez. En Chile fue alguien; en Venezuela es una desconocida. Intenta volver a trabajar en el periodismo con poco éxito. Escribe guiones para la televisión y obras teatrales, por las cuales es infrecuente y escasamente recompensada. Cuando ponen una obra suya en la pantalla, generalmente no le pagan, y cuando escribe por encargo, a veces le pagan bien, pero la obra no se estrena. Se presenta a diario a postular empleos y como en Venezuela se considera una terrible descortesía decir que no a secas, le piden amablemente que «vuelva mañana». Sólo después de algunos fracasos descorazonadores aprende las normas sociales del Caribe, muy diferentes a las de Chile, donde la palabra dada es irrevocable. Miguel, su esposo, encuentra trabajo en la construcción de una represa en el interior de Venezuela. A veces pasan semanas y hasta meses separados. Acostumbrados a ser una familia de doble ingreso en Chile, se ven forzados a medir los gastos para poder mandar a los hijos a la escuela. Isabel ha perdido su independencia económica; y como ella bien sabe, sin independencia económica no hay liberación femenina.

Consigue publicar algunos artículos para *La Revista del Domingo* del diario *El Nacional* y su director, Julio Lanzarotti, le advierte que el sentido del humor chileno, más sarcástico y tajante, no funciona en Venezuela. Tiene que aprender a ver las cosas de otra manera. «La disposición a la parranda, [...] el sentido del presente y la visión optimista de los venezolanos, que al principio me espantaban, fueron las mejores lecciones de esa época.» Su salvación vendrá desde el fondo de sí misma, recurriendo a los poderes de la memoria guardada y de la fantasía. En sus años de periodista en Chile, se la tiene por un personaje dotado de una imaginación fecunda y de exageraciones sin límites. Después de un almuerzo de congrio y vino blanco con Pablo Neruda en Isla Negra, a mediados de 1973, el poeta rehúsa dejarse entrevistar por Isabel Allende. «Usted debe ser la peor periodista del país, hija. Es incapaz de ser objetiva, se pone al centro de todo, y sospecho que miente bastante y cuando no tiene una noticia, la inventa. ¿Por qué no se dedica mejor a escribir novelas? En la literatura esos defectos son virtudes.» También Delia Vergara, la directora de la revista *Paula*, desconfía de la autenticidad de las entrevistas que Isabel realiza: «... me acusaba de inventar reportajes sin moverme de mi casa y de poner mis opiniones en boca de entrevistados, por eso raras veces me asignaba temas importantes».

Su nieto Alejandro descubre en California que su abuela Mai cambia la historia oficial para ofrecerle versiones originales de los cuentos clásicos y de las leyendas tradicionales. El bisabuelo de Alejandro, el Tata, ya había observado la facilidad de Isabel para contar las cosas a su modo: «No puedo confiar en Ud. porque todo lo cambia. Cuando yo me muera no habrá quien la ponga freno y seguro irá por allí contando mentiras», le dice el Tata.

El Tata, después de sufrir un derrame cerebral, a fuerza de voluntad y pura obstinación recupera el movimiento del lado izquierdo del cuerpo y se propone vivir veinte años más leyendo la Biblia y la Enciclopedia Británica, mientras sorbe pausadamente grandes vasos de agua que resultan ser ginebra, medicina que le procura Isabel cuando puede constatar que el tratamiento es eficaz. Muere cerca de los cien años de edad, en mitad de una carta que Isabel comienza a escribirle el 8 de enero de 1981 en Caracas. Ese abuelo es el personaje que ocupa el lugar más memorable en la vida de Isabel. Tal como Esteban Trueba sobrevive a todos los personajes del libro de su primera época, excepto Tránsito Soto, don Agustín Llona Cuevas vive todavía cuando ya casi no queda un alma de su generación en Santiago.

Antes de casarse, Isabel vive en un barrio en los faldeos de la cordillera (La Reina) con su madre y el tío Ramón. En esa época adquiere la costumbre de pasar a visitar a su Tata todas las tardes al salir de la oficina. Aún después de casada, pasa diariamente por las tardes a ver a su abuelo antes de ir a recoger a sus hijos pequeños a casa de la Granny. Después recordará este período fecundo de su vida: «Las visitas diarias donde el Tata me dieron material suficiente para todos los libros que he escrito y posiblemente los que escribiré; era un narrador virtuoso, provisto de humor pérfido, capaz de contar las historias más espeluznantes a carcajadas. Me entregó sin reservas las anécdotas acumuladas en muchos años de existencia, los principales eventos históricos del siglo, las extravagancias de mi familia y los infinitos conocimientos adquiridos en sus lecturas. Los únicos temas vedados en su presencia eran religión y enfermedades. Consideraba que Dios no es materia de discusión y todo lo relacionado con el cuerpo y sus funciones era muy privado, hasta mirarse en el espejo le parecía una vanidad ridícula; se afeitaba de memoria.»

En aquella época ella dirige una revista para niños llamada *Mampato*, que compagina además con su trabajo como redactora en la revista *Paula* y su programa de televisión. También escribe cuentos infantiles y teatro. Aparte de *El embajador* se estrenaron dos café-conciertos con guiones de Isabel a comienzos de los setenta que hicieron reír a mucha gente en Chile. Cecilia Viel, amiga de la infancia, recuerda que la noche del estreno llevaron al abuelo de Isabel, ya muy anciano, y lo sentaron en primera fila. Tal fue la emoción del viejito, dijo Cecilia, que no paraba de llorar y al contármelo, aunque de esto hacía más de veinticinco años, Cecilia empezó a lloriquear y me contagió. Ese amor entrañable entre abuelo y nieta explicaría la larga carta que Isabel le empezó a escribir en Caracas, para terminar con el manuscrito de su primera novela.

Había estado escribiendo *La casa de los espíritus* en su interior sin saberlo. Es necesario el detonante del exilio y del desengaño amoroso, así como la noticia de que su abuelo agonizaba llevándose con él, inexorablemente, la juventud de Isabel, para que empiece a arder la mecha. Dentro de ella está la historia entera para ser contada, las voces de los espíritus aguardando para ser convocadas. Ella les da un día y una fecha para que comiencen a hablar: el 8 de enero de 1981.

De amor y de sombra

El año 1973 aparece en tu obra con mucha frecuencia, y es como una especie de crescendo en lo que escribes, hasta llegar al golpe de Estado, que afecta tu vida personalmente. ¿Qué recuerdas de las primeras elecciones, cuando ibas a la escuela primaria?

Una en que salió elegido Carlos Ibáñez del Campo, un carabinero. Antes había sido una especie de dictador y la gente le tenía miedo, decían que en su gobierno habían torturado y asesinado a mucha gente, que los cuerpos estaban fondeados en el mar con una piedra atada a los tobillos. En mi casa se hablaba de este hombre como de un demonio. El día de la elección yo tenía tanto miedo que vomitaba, creía que nos iba a asesinar a todos y fue casi una desilusión cuando no pasó nada. Comparado con lo que hicieron los militares después, Ibáñez era santa Teresa. Ésa fue la primera vez que tuve conciencia de que se iba a votar, de que había un proceso político.

¿Era un gobierno militar el de Ibáñez?

No, era un gobierno civil. La segunda vez se presentó como candidato y salió elegido.

Fue amigo de Perón. En Argentina le llamaban el caballo Ibáñez. ¿Crees que la política chilena afectó tu situación personal y tu vocación de escritora?

Eso fue mucho más tarde, con el golpe militar de 1973.

Diste un salto muy grande cuando se publicó en España *La casa de los espíritus*.

Escribí ese libro en 1981. Me preguntabas por el tema social, que tanto se repite en mis libros. En 1981 la mayoría de los escritores latinoamericanos vivían en un forzado exilio, o se fueron de sus países porque no pudieron vivir en las dictaduras que asolaban sus patrias. Hubo una década fatal en América Latina: la mitad de la población del continente vivió bajo una dictadura. La literatura de ese período está marcada por el exilio. Yo no era la única preocupada por los temas sociales o políticos.

¿Dónde y cómo comenzaste a desarrollar el tema de *De amor y de sombra*?

Cuando mi agente, Carmen Balcells, recibió el manuscrito de *La casa de los espíritus* me dijo que cualquiera puede escribir un buen primer libro, pero que el talento se prueba en el segundo. Tomé sus palabras muy en serio. Quise saber si era una escritora o no y me lancé con una segunda novela, escribiendo siempre por la noche porque no podía dejar mi trabajo. No tuve que escoger el tema: en 1978 se descubrió un crimen político en Chile, aparecieron los cadáveres de quince campesinos masacrados por los militares en 1973. Sus cuerpos fueron sepultados en unos hornos de cal abandonados en la localidad de Lonquén. La Iglesia católica reveló la verdad antes que las autoridades militares pudieran echarle más tierra al asunto. Yo estaba en Venezuela cuando oí la noticia, publicada en todo el mundo, y sin saber por qué lo hacía, recorté de la prensa lo que encontré. Esto fue mucho antes de comenzar a escribir, la literatura no se me pasaba por la mente entonces.

Entonces, ¿por qué juntabas esos recortes?

Se me ocurre que los fantasmas de esos campesinos asesinados no me dejaron en paz hasta que escribí su historia. También tenía en mi poder cintas grabadas de gente que había sufrido torturas en Chile. Poco después del golpe militar vino a mi oficina una persona que colaboraba en la revista. Había desaparecido por varios meses y cuando volvió era otro ser humano... Me mostró las huellas de la tortura, me contó su experiencia y aceptó que yo grabara su relato. A partir de ese momento empecé a llevar un registro de la represión, tal como hicieron varios otros periodistas; era un deber hacerlo, a pesar de que no podíamos usarlo porque la censura era feroz. Algo de esa información se publicó después en Europa, especialmente en Alemania. Tuve esas grabaciones en mi poder por años sin escucharlas. También en Venezuela tuve ocasión de hacer entrevistas con exiliados que habían pasado por campos de concentración en Chile. En 1975 entrevisté en Caracas al doctor Arturo Jirón, médico de Salvador Allende, quien estaba en La Moneda el día del golpe militar. Me contó lo que vivió en el palacio en llamas ese último día, la muerte de Allende, su propia detención, tortura y relegación a la isla Dawson, donde estuvo preso un tiempo, luego su exilio. Eso inspiró la escena de la tortura de Jaime en *La casa de los espíritus*. Entrevisté a varios otros, entre ellos al oficial chileno de más alta graduación en el exilio, un hombre que se negó a cumplir la orden de fusilar a otros y terminó expulsado del país, vendiendo seguros en Caracas. Me sirvió de inspiración y modelo para el personaje de Gustavo Morante, en *De amor y de sombra*. Pude usar ese material cuando escribí la novela en 1983. Volví a escuchar las grabaciones, a releer los recortes de prensa y a recordar.

Fueron hechos reales, sin embargo en la novela evitaste cuidadosamente mencionar el lugar y la fecha donde estos crímenes ocurrieron. ¿Por qué? ¿Temías que el largo brazo de la dictadura chilena te alcanzara en Venezuela, como alcanzó a Orlando Letelier en Washington?

No, esa idea ni siquiera se me ocurrió. Lo hice por la misma razón que no mencioné a Chile en *La casa de los espíritus*, un libro que ya no puede ser más chileno. Al no precisar tiempo y lugar, más gente puede identificarse con la historia. Esos crímenes podían haber ocurrido en Grecia en tiempos de los coroneles, en Europa Central, o Argentina y Uruguay durante la guerra sucia, en cualquier país de América Central.

Toda América Latina sufría la inestabilidad política, había dictaduras por todas partes, una represión brutal. Los exiliados políticos hubieran podido formar un país del tamaño de Noruega, dijo García Márquez en su discurso del Premio Nobel. Desgraciadamente los exiliados se desperdigaron por todo el mundo.

En Argentina, Chile y Uruguay los militares cometieron atrocidades. *De amor y de sombra* recoge también mi experiencia como periodista en tiempos del terror. Lo descrito sobre Irene es casi idéntico al ambiente en que yo vivía: aparente normalidad y por dentro una realidad sombría. Tal como hice yo en la vida real, Irene en la novela graba entrevistas con agentes de la represión y sus víctimas. Ella tampoco puede publicar ese material, esconde las cintas con la idea de salvar la verdad del olvido histórico. También ella se ve envuelta en actividades ilegales. Describir todo eso fue fácil, porque yo lo había vivido.

En ese espacio mítico creado para la novela fuiste muy fiel a la geografía real. Hay una tesis de un estudiante que fue a Chile y anotó la flora y la fauna del lugar y coincide exactamente con lo descrito por ti en la novela. Un trabajo de hormiga.

Para hacerlo creíble, es importante averiguar esos detalles. En este caso fue cosa de recordar, pero para el pueblo de Agua Santa en *Eva Luna* y los *Cuentos de Eva Luna*, otro espacio mítico como lo llamas, tuve que investigar cuidadosamente. No podía poner duraznos en Agua Santa, igual como no podía haber mangos en Los Riscos.

Con esta segunda novela ocurrió casi lo mismo que con *La casa de los espíritus*: primero el éxito en Europa y mucho después en América Latina y finalmente Estados Unidos. ¿Por qué parece ser tan uniforme la reacción internacional frente a tu obra?

No lo sé, supongo que *La casa de los espíritus* pavimentó el camino para los libros siguientes. Pronto hubo editores latinoamericanos interesados y con cada libro la negociación ha sido más fácil. También los lectores que disfrutaron la primera novela siguieron comprando las otras, tengo un público muy fiel. Cuando me toca firmar libros, a menudo llega gente con todos mis libros en una bolsa, como si los coleccionaran. En Estados Unidos dicen que soy un *long-seller*.

¿Qué piensas de la película basada en este libro?

Me gustó mucho, es fiel al texto y a la realidad chilena de entonces. Creo que es uno de los mejores papeles en la carrera de Antonio Banderas. Es difícil para mí ver esa película objetivamente, siempre me echo a llorar por la mitad y hacia el final estoy sollozando, porque la actriz, Jennifer Connelly, se parece mucho a Paula. El parecido es tan sorprendente, que la primera vez que la vi en persona creí que era una aparición y me flaquearon las rodillas. En la película hay una larga escena de ella en el hospital, conectada a un respirador, exactamente la imagen que tengo de mi hija en el hospital de Madrid.

De amor y de sombra podría clasificarse como una novela política. En todo caso, es la más política de tus obras. José Martí escribió: «con los pobres de la tierra / quiero yo mi suerte echar / el arrollo de la sierra / me complace más que el mar». Esa solidaridad con los pobres me hizo pensar en tu apoyo a Survivors International a quienes donaste todos los ingresos del estreno de la película *De amor y de sombra* en San Francisco; también donaste los de *La casa de los espíritus* a la Fundación del Sida; fundaste las becas Paula en la Universidad Estatal de San José; ayudas donde puedes, hasta en Bangladesh, y ahora has creado la Fundación Isabel Allende para la educación. ¿Qué te impulsa a ayudar a «los pobres de la tierra», pobres en más de un sentido?

Impaciencia del corazón y la certeza de que he recibido mucho y a la tumba me iré desnuda. Sólo se tiene lo que uno da. Eso me lo enseñó mi hija Paula con su alegre desprendimiento y con la tremenda lección de su agonía y su muerte.

En una entrevista que te hizo Eleanor Wachtel dijiste que en materia política eres neutral. También reconoces que probablemente la única socialista en un vecindario de la clase media en Chile, durante el golpe militar de

1973, eras tú; que aunque no pertenecías al partido, votaste por Allende y después te opusiste a la dictadura. ¿Qué posición oficial mantienes actualmente en relación a los gobiernos de fuerza en Latinoamérica?

Primero que nada, no recuerdo haber dicho que soy neutral, sino que no tuve ni tengo participación activa en partidos políticos. Desconfío de todos. Mi posición es siempre en defensa de los menos favorecidos, antes se decía de izquierdas y aquí, en Estados Unidos, se dice despectivamente liberal. Éste es el único país donde ser llamada liberal o virgen es un insulto. Respecto a los gobiernos de fuerza en América Latina y el resto del mundo, me opondré siempre.

Eva Luna

Cada una de tus obras corresponde a una etapa de tu vida. Las dos primeras novelas tienen que ver con el trauma del golpe militar en Chile y tu exilio. El tema de *Eva Luna* es, creo yo, el feminismo. La protagonista habla por ti, es un vivo exponente de tus ideas feministas.

Hay dos temas fundamentales en ese libro, el feminismo y la narración. Esto te lo puedo decir ahora, después de leer la crítica y varias tesis doctorales sobre el libro, pero cuando escribo no tengo idea de lo que hago. Había escrito dos novelas antes y, por fin, me sentía una escritora hecha y derecha; por primera vez me atreví a llenar un formulario en un aeropuerto y poner, en el espacio correspondiente a profesión, la palabra mágica: escritora. Toda mi vida había andado en la periferia de la literatura, para entonces había escrito periodismo, cuentos infantiles, guiones de televisión, humor, dos novelas traducidas a varios idiomas y millones de cartas, pero aún no me sentía escritora. Hacerlo fue un paso decisivo: asumir mi destino y vivirlo plenamente.

En *Eva Luna* los lectores no saben si se trata de la vida real de la protagonista, de la vida novelada que ella se inventa o de la teleserie que está escribiendo.

La historia se mueve en tres niveles y relata lo que ella siente cuando descubre que puede escribir el caudal de historias que lleva por dentro. El libro está salpicado de observaciones sobre el oficio de escribir que son autobiográficas. De dónde viene la inspiración, cómo la escritura transforma la propia vida, cómo puedes convertir una existencia banal en tema de novela, todo eso lo trata *Eva Luna*.

¿Qué pasaba en tu vida cuando escribiste tu tercera novela?

En Venezuela mi matrimonio comenzó a deteriorarse, como casi siempre ocurre entre los exiliados; se desmoronan las muletas que sostienen a la pareja en su propio ambiente y quedan ambos desnudos: es la hora de la verdad. Caen las máscaras, las ilusiones... Miguel trabajaba en el interior de Venezuela, en Puerto Ordaz, y yo me quedé en Caracas con los niños, lo cual contribuyó a separarnos. No encontré trabajo, no me habituaba, no teníamos plata, vivía mirando hacia el sur, con la idea de regresar apenas hubiera democracia en Chile. Me deprimí, me sentía fracasada, había pasado los treinta años y no encontraba un destino, creía no haber hecho nada que valiera la pena, todo a mi alrededor me parecía chato y mediocre, estaba atrapada en un callejón sin salida. Seis años más tarde vino la escritura a salvarme. Después que se publicaron *La casa de los espíritus* y *De amor y de sombra* comprendí que podía ganarme la vida escribiendo ficción, dejé el colegio donde trabajaba y escribí *Eva Luna* de día, en una oficina dentro de mi casa, en mi propio espacio, con toda comodidad, incluso con una computadora. Pero mi matrimonio con Miguel iba deteriorándose inexorablemente. Por suerte mis hijos ya estaban grandes y se preparaban para ir a la universidad; mi papel de madre dejó de ser la única prioridad.

¿Pensaste salir de Venezuela por tu cuenta después de la publicación del segundo libro?

No, eso fue después del tercero. Cuando terminé *Eva Luna* se me ocurrió emigrar a México. Hubo una serie de coincidencias curiosas, que no viene al caso contar, que me permitían establecerme con mi familia en ese país. Incluso escogimos una casa y estuvimos a punto de comprarla con Miguel, a pesar de los problemas de pareja que teníamos, pero el día que viajamos para firmar los papeles hubo tanta contaminación en el aire, que los pájaros caían muertos del cielo. Decidimos que no podíamos vivir en una ciudad donde ni los pájaros podían respirar.

Eso mismo pasa en un cuento de García Márquez, «Un día después del sábado».

Ya ves cómo el realismo mágico tiene más de real que de mágico en nuestro continente. Dicen que si Kafka hubiera nacido en América Latina sería un escritor costumbrista. No compramos la casa y fue mejor así, porque poco después nos separamos definitivamente y yo me vine a Estados Unidos.

Usando *Eva Luna* como pretexto, hablemos del feminismo. Has dicho muchas veces que ha sido determinante en tu carácter y tu vida. ¿Has tenido compañeros machistas?

No. Por suerte aprendí a evitarlos. No te olvides que mi abuelo y mi padrastro, los dos pilares masculinos de mi infancia, eran de un machismo aterrador. Con ellos aprendí que los machos no cambian, hay que esperar a que se mueran no más.

¿Puedes recordar cuándo fue la primera vez que tuviste conciencia feminista, por decirlo de algún modo?

A nivel de entrañas lo sentí a los cinco años, cuando mi madre me dijo «siéntese con las piernas juntas, como una señorita», mientras mis hermanos jugaban en el patio trepados en un árbol. Comprenderás que cuando escribí *Eva Luna* el tema ya estaba maduro en mí. Llevaba casi cuarenta años madurándolo...

Tu primer amor por Miguel Frías, o Michael, como lo llamabas, recibe un trato objetivo en *Paula*. Reconoces sus méritos. Sabes dar crédito a los que te han servido bien, como decían en los cuentos de hadas: «te voy a dar un vellocino de oro porque me has servido bien». Lo haces con tu suegra, la abuela de tus nietos, casada con un hombre que se lavaba las manos compulsivamente. La Granny de tus niños pequeños... Cuéntame si hay en tu relación inicial con Miguel algo que sea importante en tu vida futura y en tu desarrollo como escritora.

Cuando recién me casé tenía mucha rabia acumulada, rabia que no sabía nombrar: contra la autoridad, el patriarcado, todo lo masculino, la Iglesia católica, mi medio social y mi familia. Eso me hacía rebelde, agresiva. Años más tarde, en contacto con teorías socialistas y con las periodistas de la revista *Paula*, comencé a leer libros sobre feminismo y logré poner en palabras esa indignación confusa de mi primera juventud. Miguel tuvo una paciencia infinita para aguantarme. En mi rabia generalizada lo incluía, a menudo lo atacaba o lo desvalorizaba injustamente. Miguel nunca fue machista; era la última persona que merecía mis ataques feministas. Me dio espacio, se mantuvo a prudente distancia y me dejó explorar, experimentar, cambiar. Tal vez si no me lo hubiera dado, lo habría conquistado a la fuerza, pero el hecho es que dispuse de ese espacio que me permitió hacer una vida diferente a la de la mayoría de las mujeres de mi generación en Chile y más tarde me sirvió de fundamento para la escritura. Con Miguel tuve también dos hijos, que me marcaron definitivamente. En cierta forma lo excluí a él de mi relación con los niños, me apoderé de los hijos de manera tan obsesiva, que no le di muchas oportunidades de ser padre. Si tuviera que definirme, en justicia tendría que decir que soy antes que nada una madre omnipresente y a mis pobres hijos les ha tocado soportarme. Miguel me dio un cariño largo, fiel y paciente que me sirvió, entre muchas cosas, para adquirir confianza en mí como mujer. Por una parte yo servía a mi marido como una geisha —mis amigas de entonces todavía se burlan de mí por eso— pero por otra fui muy independiente y lo excluí de decisiones esenciales.

Algún defecto habrá tenido él también.

Ninguno. Era perfecto, todo el mundo decía que era un santo... por aguantarme, supongo.

Tan «perfecto» lo describes en *Paula* que algunos lectores, entre ellos varios de mis alumnos, se han preguntado por qué dejaste de amarlo... ¿De qué decisiones esenciales lo excluiste?

De los hijos, por ejemplo; yo los asumí completamente. Incluso el control familiar fue problema sólo mío, él tuvo un papel pasivo. En los asuntos domésticos o nuestra vida social yo mandaba. Y no te olvides que nos fuimos de Chile por culpa mía. Nada de eso fue justo con él.

Ése es un feminismo de amazona, muy distinto al de *Eva Luna*, que es una especie de tranquila libertad y autosuficiencia que no necesita ser agresiva. Me estás describiendo un marido tan pasivo que parece ausente. ¿Por qué lo escogiste?

Nos escogimos mutuamente, nos enamoramos como locos. Para ambos era el primer amor, porque el orejón de Bolivia no cuenta. Lo quise mucho por muchos años.

***Eva Luna* marca el fin de tu matrimonio. ¿Fue un momento violento, drástico?**

Doloroso, porque casi siempre el divorcio se vive como una pérdida o un fracaso, pero no violento ni drástico porque emocionalmente nos habíamos ido separando por años. Esa relación había terminado mucho antes.

Podríamos decir que tu tercera novela cierra también una etapa de tu vida, como si el personaje hubiera exorcizado los demonios de la juventud.

Es cierto. A partir de ese libro he vivido la escritura con una tremenda certeza y el feminismo con la misma tranquila libertad que tú dices que Eva Luna tiene. Ya no ando pateando puertas ni insultando machos, comprendo que es inútil, pero sigo sosteniendo los mismos ideales de la juventud. Ha cambiado la forma, no el contenido.

¿Crees que escogiste un marido pasivo por resentimiento contra tu padre ausente, casi desconocido? (*Ella me lanza una mirada cautelosa.*)

No, porque entonces hubiera escogido el segundo con el mismo criterio y Willie no puede ser un compañero más presente y activo. La ausencia de mi padre fue tan total, tan drástica y dramática, como si me hubieran amputado un miembro. No alcancé a sentir resentimiento o nostalgia por alguien que casi no conocí.

Que le amputen a una un miembro duele. Todas las mujeres que aparecen en tu obra tienen padres ausentes o inalcanzables: Blanca Trueba, Irene Beltrán, Eva Luna, Belisa Crepusculario, etc.

No figuran los padres, pero de vez en cuando hay un sustituto, como Riad Halabí en *Eva Luna*.

Con la excepción de Esteban Trueba y Gregory Reeves, las mujeres son los personajes más fuertes, incluso en el nivel de los Ranquileo en *De amor y de sombra*, donde Digna es el puntal de la familia, mientras que el padre, Eusebio, se va con el circo. De todos tus personajes femeninos, ¿dirías que Eva Luna es la más fuerte?

No me acuerdo de todos mis personajes femeninos, pero si en boca de Eva Luna puse todo lo que siempre quise decir sobre la situación de la mujer, sin duda debe ser muy fuerte. Pero creo que en ella se trata de un feminismo práctico, asumido con gran naturalidad. En mi caso, sufrí por años de machismo al revés, como dice mi madre.

Equivocada o no, eso te dio un ímpetu especial.

Pude hacerlo porque me ganaba la vida y no tenía que pedir plata a nadie. Desde muy temprano había trabajado y seguí trabajando siempre después de casada. Eso me daba libertad. Ésa es también la base de la libertad de Eva Luna: aprende a ganarse la vida desde temprano.

¿Crees que el feminismo cumplió su etapa? Se habla mucho del revisionismo que ha detenido o echado para atrás el movimiento de liberación femenina.

El feminismo es una revolución en marcha, tiene altibajos, pero ya no puede echarse para atrás. Por lo demás, se ha logrado muy poco, todavía la inmensa mayoría de la humanidad no ha oído hablar de igualdad de derechos para la mujer. Todavía las mujeres son vendidas como ganado, las matan a golpes, las marcan, las mutilan. La violencia contra la mujer se llama «violencia doméstica» y a nadie le importa demasiado, como si por ser contra la mujer fuera menos violencia. En India vi construir carreteras a mano. Los hombres son considerados trabajadores y las mujeres sus «ayudantes», y aunque hacen el mismo trabajo, ellas ganan la mitad. Vestidas con sus saris de todos los colores, con los hijos acaballados en la espalda o las caderas, transportan sobre la cabeza el cemento, el hierro, pican montes y trasladan montañas piedra a piedra en sus canastos. De lejos son elegantes apariciones, espejismos del camino, pero de cerca se ve el desgaste brutal, la mala nutrición, las huellas de embarazos y trabajo. A los veinte años son ancianas, viven mucho menos que los hombres y sus vidas son de puro esfuerzo y dolor. Por las noches esas mujeres cansadas preparan la comida, se ocupan de los hijos, sirven al marido, acarrean agua, lavan la ropa y antes de acostarse comen los restos de los platos ajenos y bordan a la luz de una vela hermosos cojines, blusas, cinturones, tapices, para dar un toque de belleza a su mísera realidad. Por eso, al comprar cualquiera de esas obras hechas a mano por mujeres, una siente una mezcla de reverencia y de tristeza ante cada puntada.

Cuando se trata de la creación de una mujer, se llama artesanía y se valora poco, cuando la hace un hombre se llama arte y vale mucho más.

Exactamente, así como las creencias de los hombres son religiones y las de las mujeres supersticiones, las ideas masculinas son filosofía y las de las mujeres son exabruptos emocionales. El accidente doméstico más frecuente en la India es de esposas jóvenes que mueren quemadas. Les «cae» gasolina encima y arden como antorchas vivientes en presencia del marido y la suegra, quienes quedan en libertad para conseguir otra esposa y otra dote. Es más expedito que el divorcio y, por lo visto, la policía no relaciona estos numerosos accidentes con la rapidez con que los viudos vuelven a casarse. En los países musulmanes la situación es peor. Los hombres, cuando rezan a Alá, comienzan por agradecer no haber nacido mujer. Hay una buena razón para ello: la vida de una mujer pobre en la mayor parte del mundo vale menos que la de un cordero. El feminismo está recién comenzando, pero creo que, como fuego alimentado por el viento, se repartirá inexorablemente. Los resultados no los veré yo, pero tal vez los vean mis nietas. Eso me da alegría en esta larga lucha.

En *Eva Luna* hay otro tema importante: el mestizaje.

Que también es parte de mi vida y mi carácter, Celia. Cuando escribí la novela vivía en pleno mestizaje. Tomé conciencia de razas, de las dos culturas en que vivía, la del sur y la del Caribe. Comprendí que soy hija de todas esas migraciones que llegan a la alucinada geografía de nuestro continente, con su cargamento de tradiciones, lenguas, creencias, de codicia descabellada, odios y amores, para fundirse en un crisol de violencia, lujuria y también de amor. El pueblo latinoamericano es el resultado de todo eso, lo cual no quiere decir que seamos una cultura homogénea. Hay enormes diferencias entre la gente del cono sur y la del Caribe, entre los de la montaña y los de la costa. El mestizaje es una riqueza inagotable en la literatura y las artes. El *boom* de la literatura latinoamericana es un coro de voces diferentes, pero armoniosas, que han narrado al mundo nuestro fabuloso continente y nos ha dado a nosotros un sentido de identidad, una identidad mestiza, sin duda. Negros, indios, blancos, todos cantando. ¡Con qué gusto escribí ese libro! Fue una fiesta de los sentidos y de las ideas.

Eva Luna **es el libro que tiene menos de tus antecedentes biográficos y sin embargo es Eva tu personaje femenino preferido, con el que más te identificas, ¿por qué?**

Porque se rebela contra su destino y sale adelante usando el único don que le dio la naturaleza: el don de contar. Porque es femenina y feminista. Porque tiene un corazón recto y no teme su propia sensualidad.

¿Así eres tú?

Así aspiro a ser.

Cuentos de Eva Luna

Tus cuentos son rapidísimos. Se leen de un tirón, y se pueden volver a leer con la misma ingenuidad de la primera vez; son grimorios. La velocidad que desarrollaste en el periodismo te dio mano ágil para moverte a tus anchas en la ficción breve. ¿Cómo te hiciste cuentista?

Por pura necesidad. Cuando vine a California, me instalé en la casa de Willie, en 5 Marina Way, San Rafael. Era pequeña, desordenada y además estaba llena de personajes estrafalarios. No había un lugar físico donde esconderse, mucho menos donde escribir, así es que instalé una mesa prácticamente encima de la cama de Willie, donde escribía a mano en cuadernos a rayas, mientras al otro lado de la puerta reinaba el caos: los hijos de Willie peleaban, el perro ladraba y atronaba la televisión. Otras veces escapaba con Willie a su oficina y me sentaba en un rincón a garrapatear en mi cuaderno. Había vuelto a los tiempos de mi primera novela, cuando escribía de noche en la cocina y en ratos robados durante el día, con la diferencia de que en California no tenía la tranquilidad emocional que tenía en 1981 cuando empecé *La casa de los espíritus*. Vivía en un torbellino de pasiones. Comprenderás que así es imposible escribir una novela. La única ventaja de los cuentos es que pueden completarse en poco tiempo, todo lo demás son inconvenientes.

¿En cuánto tiempo escribiste los veintitrés *Cuentos de Eva Luna*?

En un año, pero escribí otros que no publiqué. Ése fue un año enloquecido, estaba descubriendo el amor con Willie, pero aún tenía todas mis raíces en Venezuela, donde había vivido por trece años y me esperaban mis hijos, mi casa, todas mis cosas. Además tenía un contrato para enseñar un semestre en Virginia. Pasé seis meses volando a través del continente. Willie y yo viajábamos todo el día para estar juntos una sola noche y volver a subir en un avión al día siguiente.

¿Harías eso hoy?

Hoy no enseñaría un semestre en Virginia. (*Se ríe con esa risa contagiosa que corean los espectadores donde quiera que la oigan.*)

Los cuentos son muy diversos, pero el espacio principal es el trópico, aunque a veces aparece Chile sin nombrarlo. ¿Por qué casi todos suceden en Venezuela?

Porque los cuenta Eva Luna. Todos son de amor, ése es el hilo que los une. Y no es raro que lo sean, porque a los cuarenta y cinco años yo me había enamorado como una colegiala.

Tú dijiste en uno de los cuentos, «Lo más olvidado del olvido», que el miedo era más fuerte que el amor.

Si tuviera que volver a escribir ese cuento, diría que el amor es mucho más fuerte que el miedo. Creo que no hay nada tan fuerte como el amor, es más fuerte que el odio, que la rabia, que todo.

¿Crees en el poder totalizante del amor para redimir al ser de cualquier condición anterior?

Sí. (*Lo dice con convicción.*)

¿Qué inspiró el cuento «La mujer del juez»?

¿Cuál? No me acuerdo.

Se trata de un juez viejo casado con una mujer joven. Hay un bandido a quien el juez decide atrapar sirviéndose de la madre de éste: pone a la pobre mujer en una jaula en el centro de la plaza y la deja sin agua, con la esperanza de que sus gemidos atraigan al hijo. Pero todo se enreda y al final se encuentran frente a frente el bandolero, dispuesto a vengarse, y la joven mujer del juez. Entonces ella lo enamora... El hombre cambia su cabeza por unas horas de amor.

¡Las tonterías que escribe una! Creo que ese cuento nació de una imagen en una película de vaqueros en blanco y negro: una mujer descendiendo de un coche en un pueblo polvoriento, un hombre mayor con traje formal la recibe y sobre el techo de una de las casas asomaban unos tipos —bandidos aparentemente— apuntando sus armas. Esa imagen se quedó conmigo hasta que pude exorcizarla. De esa imagen perseverante deriva todo el cuento; una cosa fue encadenando otra y otra más, casi sin pensarlo, como me ocurre casi siempre cuando escribo; la tragedia fue subiendo de tono y llegué a un desenlace extraño sin proponérmelo.

Pero has dicho que antes de escribir la primera línea del cuento hay que tenerlo todo en la cabeza.

Cierto, el cuento llega como una manzana, entero. Pero a veces viene envuelto y hay que quitarle el papel. Cuando digo que llegué al desenlace sin proponérmelo es porque yo quería un final feliz, pero el cuento venía hecho y no me quedó más remedio que escribirlo como era.

Tu vida está altamente dinamizada por la fuerza del amor. Incluso cuando tratas a gente desconocida, lo haces con afecto; no eres una persona con prejuicios. Has viajado, visto mucho mundo y has reconocido que el ser humano es siempre el mismo. Asumes las diferencias personales, culturales, raciales con una naturalidad enorme. En todos tus libros se plantea de una manera u otra el bien y el mal. El mal está representado por sistemas corruptos, planteas que el poder corrompe.

Parece que yo tuviera más simpatía por el hampa que por la autoridad.

Tus mejores personajes son marginales. Vas ganando al lector, enredándolo en tu cuento, en el amor y el suspenso, para que sienta por esos personajes míseros la misma simpatía que sientes tú. Y el lector espera que una fuerza gigantesca proteja al indefenso, al huérfano, al desarraigado; el lector desea con toda su alma que se salve, que salga adelante, que no sea vencido por la maquinaria del sistema corrupto. Y tarde o temprano, tus personajes que han tenido el poder, sufren el desengaño. Cuando son suficientemente honestos, como Esteban Trueba, terminan transformados al

final, si no lo son, terminan vencidos. Cuando se pierde la libertad en su país, Esteban pierde su poder y torturan a su nieta, llegando al fondo del dolor. Sin embargo, no hay un afán didáctico o moralista en tu obra. Tus historias toman rumbos inesperados, los finales son imprevistos.

Esteban Trueba vive lo suficiente como para ver las consecuencias de sus actos. Muy pocos alcanzamos a verlas. Si supiéramos que cada acto, cada pensamiento, cada intención, produce una serie de consecuencias, seríamos mucho más cuidadosos en la vida.

Así es. Y los descendientes que nunca llegaremos a conocer sufrirán, como una reacción en cadena, de los actos que cometemos hoy. La condición humana no es de clarividencia.

Como sabes, yo iba a tomar el té con mi abuelo todos los días durante años. No sabes cuánto aprendí a su lado… El viejo nació con una desviación en la cadera, que fue empeorando con la edad, pero era muy deportista y nunca aceptó sus limitaciones físicas. Una silla de ruedas eléctrica hubiera facilitado los últimos años de su existencia, pero era tan orgulloso que nadie en la familia se atrevió a sugerirlo. Esa invalidez física lo obligaba a meditar mucho, a revisar el pasado. Solía decirme que la buena memoria es una maldición, porque uno recuerda todos los errores y sus consecuencias. Esos meses que pasé junto a la cama de Paula fueron como los años de la vejez de mi abuelo: un tiempo de inmovilidad y meditación. En esos meses pude ver los caminos que antes recorrí a ciegas.

Tu memoria está por cierto en los cuentos. También tu nota erótica. En varios de tus cuentos hay notables elementos de ironía. Pero «Boca de sapo», de una comicidad directa y un poco rústica, debe haber despertado más de una objeción moralista.

Algunos lectores se horrorizaron con «Boca de sapo». Ese cuento está prohibido en las escuelas mormonas y encabeza la lista negra de muchas sectas fundamentalistas cristianas y de las otras. Mi madre se opuso tanto que estuve a punto de eliminarlo del libro.

A mí me hizo mucha gracia porque en mi casa jugábamos al sapo, pero no el de Hermelinda, tu protagonista, sino a otro mucho más inocente. Ese cuento me recuerda el humor desvergonzado a veces de Boccaccio. ¿Cómo nació ese cuento?

Circula en Chile la leyenda de una mujer como la protagonista del cuento, que se ganaba la vida en la Patagonia abriéndose de piernas para que los hombres lanzaran monedas, apuntando a su intimidad más íntima. Dicen que fue fundadora de una dinastía, una de las familias más poderosas de la zona, dueña de terrenos enormes, arrancados a los indios a punta de bala, extorsión y alcohol.

¿Se llamaba Hermelinda esa mujer?

No, en mi cuento tiene ese nombre, pero ¿para qué te voy a dar el nombre de esa señora en la vida real? Murió hace tiempo, sin embargo en Chile todavía hay quienes la reconocen en el personaje de mi cuento. Dice mi madre que a sus descendientes el libro les cayó como una patada.

¿Vino realmente un hombre y se la llevó con el dinero ganado en la «boca de sapo»?

No, eso lo puse yo. Me gustan los finales felices.

Sospecho que varios de esos cuentos han sido sacados de la vida real.

Cierto. Algunos salieron directamente de las noticias en la prensa.

«De barro estamos hechos» está basado en la catástrofe ocurrida en Colombia cuando explotó un volcán, ¿no?

En 1985 el volcán Nevado Ruiz entró en actividad, se derritió la nieve en la cumbre y eso produjo una avalancha de lodo y piedras que sepultó un pueblo. Murió tanta gente, que no se pudo rescatar los cadáveres y declararon la zona un cementerio. Allí murió una niña, Omayra Sánchez, que quedó enterrada en el barro hasta las axilas, con las piernas atrapadas en los escombros de su casa y los cadáveres de su familia. Demoró tres días completos en morir. La prensa del mundo filmó su carita agonizando… Sus ojos negros llenos de resignación y sabiduría, que vi en la televisión en Caracas, me perseguirán siempre en los sueños. Escribir el cuento no exorcizó su fantasma…

Pero el cuento no es realmente la historia de Omayra.

No, es la historia del hombre que la sostiene y acompaña durante su larga agonía, y de la mujer que observa al hombre que sostiene a la niña, y de cómo ese hecho los pone a ambos en contacto con sus recuerdos más profundos, los transforma.

¿Qué otros cuentos salieron de la prensa?

Espera, tengo que ver los títulos, porque no me acuerdo de los nombres… (*Revisa el libro.*) «Vida interminable» está basado en la historia de una pareja de ancianos inmigrantes en Venezuela, que se suicidaron juntos. Él era un científico muy conocido. La idea de «Camino al Norte» surgió cuando la Iglesia católica denunció en Honduras el secuestro de niños pobres que mataban para vender sus órganos vitales en los países ricos. Cuando el cuento fue publicado mucha gente pensó que era producto de mi imaginación morbosa, porque no podían creer que algo así ocurriera en la realidad. Hoy se sabe que este tráfico repugnante no sólo pasa en Honduras… La historia de «Un discreto milagro» ocurrió en Chile a un sacerdote amigo mío y la conté fielmente, sin cambiar su nombre. «Si me tocaras el corazón» también salió de la prensa en Venezuela: el caso de una mujer a quien un amante celoso encerró en un sótano por cincuenta años. Cuando la rescataron era un monstruo ciego, con las uñas como garras, cubierta de escamas, que había olvidado el lenguaje humano.

En los cuentos creas el ambiente de un pincelazo. Usas en varios de ellos el pueblo de Agua Santa, que aparece también en *Eva Luna*. También creaste un espacio mítico en Las Tres Marías de *La casa de los espíritus*.

Esos lugares deben de existir en alguna parte, Celia, porque me parece que yo no los inventé, sino que sur-

El abuelo,
Agustín Llona Cuevas

La abuela,
Isabel Barros Moreira

Los padres:
*Francisca Llona Barros
y Tomás Allende Pesse, 1941*

Con su madre en Lima, 1942

*Isabel con su madre
y su hermano Francisco,
recién nacido, 1944*

Primera Comunión, 1950

*Con sus hermanos,
Juan y Francisco
el día de su matrimonio,
septiembre 1962*

Sus hijos Nicolás y Paula,
Chile, 1969

Con su primer marido,
Miguel Frías, Chile, 1970

Con la viuda del presidente Salvador Allende, señora Hortensia Bussi, México, 1986

Su madre, Panchita, y el presidente Allende en la embajada de Chile en Argentina, 1973

*Su madre y su padrastro
(Panchita y tío Ramón),
1990*

*Paula y Ernesto
el día de su
matrimonio, 1990*

California, 1991

*Con Antonio Banderas
en España, 1991*

Con Glenn Close, 1993

*Con Vanessa
Redgrave y Meryl
Streep, 1993*

Con Eduardo Galeano, 1993

Con Jeremy Irons, 1993

Sus tres nietos,
Andrea, Alejandro
y Nicole, 1994

Con su marido William Gordon
en la casa de Pablo Neruda
en Isla Negra, 1994

*Con su amiga Tabra
en Nepal, 1995*

*Con su madre,
Panchita, 1995*

En el Amazonas, 1996

Con el presidente Jimmy Carter,
California, 1996

Con su hijo Nicolás, 1997

Con Carlos Fuentes, 1997

*Con su amiga
Pía Leiva, 1997*

Con su marido y su agente,
Carmen Balcells, 1997

Con el presidente
Bill Clinton
en la Casa Blanca, 1997

Su hijo Nicolás y su nuera Lori

Con Mario Vargas Llosa, Siegfried Unseld y Jorge
Semprún, 1996

Su marido, William Gordon,
y sus hijastros Harleigh y Jason

gieron como un truco de la memoria, cada uno con su olor, su color, su temperatura, su paisaje. Agua Santa y Las Tres Marías me sacaron de muchos apuros.

¿Qué diferencia hay entre la técnica de la novela y la del cuento?

Algunas veces he dicho que la novela es como bordar una tapicería con muchos hilos y colores, es una suma de detalles, todo es cuestión de paciencia. Yo bordo a ciegas, pero un día doy vuelta al tapiz y veo el diseño por el derecho. Con algo de suerte, en el encanto del conjunto se pierden de vista los defectos. Un cuento, en cambio, es como disparar una flecha, hay una sola oportunidad, se requiere la mano de un buen arquero: dirección, fuerza, velocidad, buen ojo. ¿Cuántos miles de cuentos has leído y cuántos puedes recordar? Sin embargo, por mala que sea una novela, siempre puedes decir de qué se trata. La novela se va desdoblando de a poco, casi sola, y te va revelando sus misterios. Para un cuento debes saber todo lo que ocurrirá antes de escribir la primera línea, para darle la tensión y el tono adecuados. Se debe leer en un solo aliento, si el lector lo interrumpe y lo deja, el cuento ya no funciona. Está más cerca de la poesía que de la novela, no hay tiempo ni espacio, nada puede sobrar ni faltar, todos los defectos se notan. La novela se hace con un argumento sólido, personajes nítidos y paciencia. El cuento es una cuestión de tono. Se hace con inspiración y buena suerte.

El plan infinito

¿Cuál es el personaje masculino que más quieres? Acuérdate que Flaubert dijo: «*Madame Bovary c'est moi!*»

Gregory Reeves, en *El plan infinito*. Tanto me gusta, que en la vida real me casé con él hace varios años, pero ni el matrimonio ha logrado que deje de gustarme.

El plan infinito está basado en la vida de tu marido, William Gordon. ¿Cuánto hay de ficción y cuánto de realidad?

Ya no lo sé, francamente. Creo que todos mis libros, excepto *Eva Luna* y algunos cuentos, son muchos más realidad que ficción. En *El plan infinito* los personajes están basados en modelos humanos y casi todos los acontecimientos son reales. A veces necesité dos personas para crear un personaje, como en el caso de Carmen/Tamar. Los modelos fueron Carmen Álvarez, amiga de la infancia de Willie, que inspiró la primera parte de la vida de mi protagonista, y Tabra Tunoa, mi buena amiga, que me dio su biografía para crear Tamar. Gregory Reeves fue muy fácil, porque el modelo era Willie. Como en el caso de Clara del Valle, en *La casa de los espíritus*, nada tuve que inventar, el personaje estaba allí, esperándome. No tuve que agotar la imaginación.

¡En la vida de Willie no pueden haber pasado tantas cosas!

Eso dijo un crítico en un periódico de San Francisco: era inverosímil que sucedieran tantas cosas en una sola vida. Sin embargo, la verdad es que tuve que eliminar partes, porque la realidad me parecía exagerada. No mencioné, por ejemplo, que Willie tiene un hijo delincuente, bastaba con la tragedia de su pobre hija víctima de las drogas. Tampoco conté la historia de su hijo adoptivo, que daba para otro libro. Me salté muchas anécdotas violentas del padre, así como el hecho de que la madre trató de deshacerse de Willie poniéndolo en orfelinatos o dándolo en adopción.

Eso sí lo dices.

No como verdaderamente ocurrió, que fue mucho peor de lo que yo puse en el libro. La única parte que aumenté en vez de cortar fue el capítulo del Vietnam. Willie estuvo en el ejército, pero no le tocó el campo de batalla como está descrito en el libro. Eso me lo contó un ex soldado del Vietnam.

¿Cuál fue la reacción de Willie cuando leyó el libro? ¿No temiste que se horrorizara al verse expuesto con todos sus problemas y defectos en esas páginas?

Mi madre dijo que me iba a costar el divorcio, pero no fue una sorpresa para él, porque habíamos hablado de cada capítulo. Cuando lo conocí y empezó a contarme la historia de su vida, supe que debía escribirla y por eso, creo, me enamoré tanto y tan apresuradamente de él. Desde el comienzo le dije cuáles eran mis intenciones, no hubo nada oculto. Pasé cuatro años durmiendo con esa historia, averiguando detalles, preguntando, visitando los sitios donde ocurrieron los hechos, entrevistando a decenas de personas. Cuando leyó el libro, Willie me dijo emocionado: «es un mapa de mi vida, ahora entiendo los caminos que he recorrido». El peligro con eso, claro está, es que ahora se cree Gregory Reeves y anda preocupado de quién hará su papel en la película. Paul Newman le parece muy bajito…

¿No sientes a veces que Gregory Reeves es más real que Willie? ¿O viceversa?

¿Quién puede saberlo? ¿No será que todo lo invento? ¿Incluso la gente?

¿Qué quieres decir?

Me pregunto si Willie existe o si yo inventé a Gregory Reeves en *El plan infinito* y revestí a Willie con sus ropajes. ¿Quién vive conmigo, el Willie real o el literario? ¿Y mi madre? De tanto hablar de ella, ¿no habré inventado la madre que me gusta y que necesito? Tal vez la persona no se parece a mis descripciones. Esa idea me perturba y me fascina. Tal vez atribuyo características y virtudes a la gente, que me sirven para los personajes y que se les quedan colgadas, como collares, y no pueden desprenderse de ellas. A mi abuelo le inventé defectos para crear el personaje de Esteban Trueba y se quedó con ellos para siempre, pobre hombre. Mucho de lo que veo en Willie puede ser la imagen sobrepuesta de Gregory Reeves, pero en el fondo creo que el personaje y la persona se parecen mucho. Los dos son sobrevivientes, corchos que se hunden y vuelven a salir a flote una y otra vez, hombres fuertes, formidables, llenos de defectos, pasiones y generosidad, que se zambullen en la existencia sin temor.

Como Miguel de Unamuno, te metes en tus novelas y las conviertes en parte de tu vida. Ahora eres parte de la vida de Gregory Reeves.

Es una forma de locura, Freud le debe haber puesto nombre, estoy segura. Mi destino no es más dramático que el de otros, pero me las he arreglado para contarlo en technicolor.

¿Cómo fue la reacción ante esa novela californiana, tan diferente a las otras que habías publicado?

La reacción del público ante *El plan infinito* ha sido diversa. Muchos de mis lectores se desconcertaron porque es un libro sobre California y por primera vez era la historia de un hombre, a diferencia de los otros libros que había escrito antes, en que los protagonistas son mujeres. La crítica estuvo dividida, pero las ventas no han sido diferentes a las de mis otros libros.

Para mí es una novela muy interesante porque a través de los ojos de Gregory Reeves se pueden apreciar cincuenta años de historia y la compleja textura de California. Incluiste todas las razas en la novela, hay blancos, hispanos, negros, asiáticos, de todo... Pero volvamos al protagonista y a quien lo inspiró. ¿Es cierto que la primera atracción entre Willie y tú fue puramente sexual, como te oí decir en una conferencia?

Willie dice que fue un encuentro de almas, pero yo no sentí nada espiritual, pura lujuria. Llevaba viviendo en castidad mucho tiempo, dos o tres semanas, me parece... Pero no fue sólo eso, había tenido relaciones más excitantes que aquélla; supongo que a un nivel muy primario nos reconocimos. Éramos dos náufragos llegados de orillas distantes, habíamos pasado por pérdidas y desencantos, por muchas soledades. Teníamos como único capital una energía de huracán que nos había impulsado por la vida saltando obstáculos; podíamos reconocer en el otro esa capacidad de sobrevivencia.

¿Es importante la fidelidad?

Hay parejas que no tienen ese requisito y se las arreglan de lo más bien, pero como Willie y yo conocemos los peligros de incluir a terceras personas en la relación, hemos pactado la fidelidad. Además yo soy muy celosa, si lo pillo mirando a una rubia por allí, lo mato. Y como no tengo tiempo para espiarlo, es mejor este pacto de honor, me ahorra energía.

Pero tú no has sido siempre fiel...

Con Willie sí, no sólo por virtud, también por falta de oportunidades. No hay muchos candidatos dispuestos a seducir a una abuela ajena. Y respecto al pasado... Me arrepiento de las mentiras y traiciones en mi primer matrimonio; dejan cicatrices imborrables. La traición es siempre grave.

Le pregunté a tu marido cuál era tu peor defecto y replicó que eres muy dominante. ¿Estás de acuerdo?

(*A la defensiva.*) Así dicen en mi familia. Quiero proteger a los míos y hacerles la vida fácil, pero algo aprendí con la muerte de mi hija: aprendí que no controlo nada. Si no pude proteger a mi hija de la muerte ¿cómo puedo proteger a mi hijo o mis nietos de la vida? La experiencia me ha enseñado a amar con cierto desprendimiento.

No me parece que trates a tu familia con desprendimiento…

¿Han estado hablando a mis espaldas? Seguro que te han dicho que me meto en todo y opino mucho… Pero en realidad no sé de qué se quejan, sobre todo Willie, porque él toma gran parte de nuestras decisiones, desde lo que comeremos en la noche hasta dónde iremos de vacaciones o invertiremos el dinero. Es como un perro grande que ladra mucho, hace ruido y ocupa espacio. No es el tipo de persona que se deja dominar.

¿Y cuál es el peor defecto de él?

No sé. Su mayor virtud es su buen corazón. Este hombronazo tiene alma de doncella…

Tu casa, como tu oficina e incluso la de Willie, tiene tu sello individual.

Willie tiene mal gusto, si me descuido se pone pantalones a cuadritos y compra delfines de porcelana. (*Se ríe.*) Ya lo sé, el gusto es algo muy personal, con qué derecho descalifico el de Willie, etc. He oído eso mil veces. Pero tenemos un acuerdo: yo me ocupo de la casa y él del jardín, así no peleamos. Necesito orden y limpieza en mi entorno; me gusta rodearme de objetos bellos, cosas únicas que compro en los viajes. El problema es que en realidad no me apego a ellas, así es que cada tanto —con bastante frecuencia— regalo todo y empiezo de nuevo. Me da por cambiar los cuadros y los.muebles, pintar paredes y arrancar las tablas del piso. Willie y Nicolás me tienen terror. Cuando calculan que me vendrá el ataque de renovación, salen escapando, porque a ellos les toca el trabajo. Yo pongo las ideas no más.

¿Te metes mucho en las vidas ajenas?

Claro que sí, si no me metiera no tendría tema para la escritura. Además yo sé mejor que nadie lo que le conviene a mi familia. (*Ríe, francamente divertida.*)

¿Te consideras una matriarca? ¿Es cierto que saliste a buscar una novia para Nicolás después que se divorció?

¿Y por qué no? Nicolás estaba como paralizado, no iba a encontrar nunca otra mujer si no se avispaba. Ésa fue una idea que se me ocurrió después de un viaje a la India. Allí el noventa y siete por ciento de los matrimonios son arreglados por los padres y el índice de divorcios es mínimo. Por lo demás yo no obligué a Nicolás, simplemente busqué a la mujer perfecta para él y luego los presenté. Se enamoraron como locos a primera vista y son muy felices, pero en vez de darme las gracias de rodillas, se burlan de mí y dicen que me meto en todo.

¿Qué otros defectos tienes?

Soy crédula, es fácil engañarme si me pescan por el lado sentimental. Y soy muy independiente, no quiero que se metan en mi vida como yo me meto en la de los demás. Rara vez pido consejo y cuando lo hago, no lo oigo. No quiero que me den nada, detesto los regalos, los premios, los honores, no acepto que paguen la cuenta en un restaurante. Debo aprender a recibir, eso es importante. Necesito por lo menos ocho horas diarias de soledad y silencio, pero esto no es un defecto sino una virtud, porque al menos durante ocho horas no molesto a nadie. ¡Imagínate qué sería de esta pobre gente si yo me jubilara! Soy celosa, como ya te dije. Por suerte conocí a Willie cuando él ya había cumplido cincuenta años y no le quedaba aliento para perseguir mujeres, como había hecho en la juventud. No me ha dado nunca motivos de celos. Dicen que yo soy machista al revés, es decir, tan feminista como el peor patriarca podría ser machista.

¿Cómo lleva Willie tu fama? En una ocasión dijo que estaba casado con una leyenda.

Muy bien, no competimos para nada. Mi trabajo no afecta nuestra vida privada, en nuestra casa no entran periodistas ni curiosos, en nuestro pequeño círculo social él brilla y hace ruido, yo ando como una sombra detrás. Acomodo mi horario a él, así podemos estar juntos lo más posible. Willie es un hombre muy seguro de sí mismo, las pocas veces que alguien lo llama señor Allende se ríe. No le importa verme en un escenario o rodeada de fotógrafos, no se siente postergado, comprende que es parte de mi trabajo, tal como alegar en los tribunales es parte de su oficio de abogado.

Nunca te he visto andar como una sombra detrás de nadie, en cambio lo he visto a él aparecer sobre el escenario vestido de esmoquin y con un ramo de flores para ti.

Eso es muy excepcional. Lo que viste fue una charla
sobre el amor que hice para juntar fondos para unas becas. Su presencia era un broche de oro y él, con mucha
gracia, aceptó hacerlo, pero no le pido este tipo de cosas a
menudo.

En *El plan infinito* el protagonista, Gregory Reeves, crece en el barrio latino de Los Ángeles y, aunque logra salir de ese ambiente de pobreza y opresión, vive siempre
en contacto con la cultura hispánica. ¿Es Willie así?

Sí, creo que por eso se casó conmigo. Entiende nuestra manera de ser, habla español sin acento, cocina platos mejicanos, le gustan los boleros y le encanta ir a Chile o a cualquier otro país latinoamericano. Lo que más
aprecia es la familia grande que hemos logrado formar
entre los dos, creo que toda su vida quiso tener una familia así. Willie no es el norteamericano típico. Estados
Unidos es un país racista, hay mucho temor por lo desconocido, por los extranjeros, y los hispánicos somos lo
más bajo en la escala social. Hay una verdadera xenofo-
bia contra la gente de piel morena. Willie es todo lo contrario, basta que alguien venga del sur para que él le abra
los brazos. Noventa por ciento de sus clientes son inmigrantes latinos pobres, a menudo ilegales.

Hablas de él con admiración, como una novia, pero ya llevan más de diez años juntos. ¿No ha cambiado ese amor?

Las relaciones, como todo, cambian. Son organismos
vivos que crecen, maduran, les salen tentáculos, raíces,

pierden el pelo, adelgazan o se hinchan, por eso la capacidad de la pareja de adaptarse a los cambios en cada etapa es fundamental.

¿Podrías volver a enamorarte?

(*Sin vacilar.*) ¡Por supuesto! (*Y las dos estallamos de la risa.*)

Paula

Me tocó ver de cerca tu sufrimiento ante la enfermedad y la muerte de tu hija. A menudo me dijiste en esa época que no podrías volver a escribir, pero justamente estabas escribiendo *Paula,* tal vez tu mejor obra. Se ha dicho que *Paula* continúa en la mejor tradición de la memoria novelada.

No tenía conciencia de que estaba escribiendo un libro. Comencé esas páginas cuando Paula cayó en coma y seguí escribiendo durante todo el año 1992, en que estuvo enferma, primero en Madrid y luego en California. Después de su muerte, cuando creí que nunca dejaría de llorar y que no volvería a tomar papel y lápiz, mi madre me trajo la idea salvadora de escribir. Dijo que no habría antidepresivos, terapistas ni vacaciones que pudieran ayudarme, porque el duelo es un largo túnel oscuro que debemos recorrer a solas. Hay luz al otro lado, sigue caminando y confía en la fuerza de la vida, me dijo. Y así, día a día, durante todo el año 1993, caminé por el túnel a ciegas. Mi forma de hacerlo fue escribiendo. Reescribí la carta para mi hija comenzada en el hospital de Madrid, e incorporé pedazos de las ciento noventa cartas que mandé a mi madre a Chile durante ese año interminable, y que ella me devolvió, así como las cartas de amor que Paula y Ernesto intercambiaron durante su breve noviazgo.

¿Sabía Paula que tenía porfiria?

Sí. Hace varios años una prima suya, que vivía en Uruguay, enfermó gravemente y, al ver que se estaba muriendo, sus padres la llevaron a una clínica en Houston. Al cabo de innumerables exámenes descubrieron que padecía de porfiria, una rara condición hereditaria. Eso explicaba la muerte de otra prima y los síntomas de su tía, su abuelo y otros parientes de la familia de Miguel. Toda la familia se hizo exámenes de sangre y así supimos que Miguel tenía porfiria y también Paula. Nicolás salió negativo en la prueba que se hizo en Venezuela. Después que su hermana murió, le exigí que repitiera el examen en Estados Unidos y esa vez salió positivo. Para entonces ya tenía dos niños y su mujer esperaba el tercero.

¿Qué pasó con la prima en Houston?

Se recuperó totalmente.

Es una enfermedad que puede pasar sin síntomas por un período muy largo y cuando se manifiesta, el paciente se recupera con los debidos cuidados.

En general es así. Después que publiqué *Paula* me han llegado muchas cartas de porfíricos, sobre todo mujeres. En ellas la condición es más grave que en los hombres, porque los cambios hormonales pueden producir una crisis: pubertad, menstruación, embarazo, parto, maternidad, menopausia, pastillas anticonceptivas, etc. Pero si la persona conoce su condición, se cuida y obtiene tratamiento a tiempo, hoy día la porfiria no debiera ser mortal.

¡Qué enfermedad tan rara! Se asocia con un rey de Inglaterra. Pasaste un año junto a la cama de Paula y va-

rios meses cuidándola en tu casa en California. Parece bien claro que en su caso hubo negligencia médica.

Sin duda, pero no me atormento pensando en eso. Creo que esto es karma. El suyo era morir joven, el mío es vivir por ella, recordándola.

¿Qué se podía hacer para ayudarla?

Quererla mucho... cuidarla día y noche. No era un trabajo pesado pero emocionalmente llegué al límite de mis fuerzas. No había alternativa, Celia. Debía cuidarla y deseaba hacerlo. ¿No habrías hecho igual? Cuando mi hija cayó en coma volvió a ser un bebé, más frágil y vulnerable aún que un recién nacido, porque no podía llorar, moverse, tragar o manifestar dolor. Paula volvió a mi vientre, como antes de nacer. Empecé a vivir como si ella estuviera dentro de mí. Era un proceso natural, como el embarazo, sólo que no nos separaría el nacimiento sino la muerte, a su debido tiempo.

¿Había esperanza de recuperación después que el neurólogo te explicó la condición en que había quedado tu hija? (*Isabel me escribió en 1991, desde España, una carta llena de esperanza; transcribo al final de este capítulo algunos párrafos.*)

Traje a Paula de España, entre otras cosas, porque esperaba encontrar tratamiento para ella en Estados Unidos. Pero pronto comprendí que mi hija estaba más allá de cualquier ayuda humana. Eso fue en mayo de 1992. Después de un mes en una clínica de rehabilitación en California, donde la examinaron exhaustivamente, los médicos sugirieron que la pusiéramos en una institución, porque no se podía hacer nada por ella. «Así ustedes pueden seguir con sus vidas; ella no se da cuenta de nada», dijeron. La idea nos pareció inaceptable a toda la familia. Organizamos un hospital doméstico en el primer piso para dar a Paula los cuidados que necesitaba, contraté a tres mujeres que se turnaban para ayudar, todas latinas y madres, para que le hablaran en español y la mimaran como a sus hijos. La familia se turnaba también para cuidarla, todos unidos. Contábamos con una doctora excepcional, Cheri Forrester. Después de ver a Paula y estudiar los informes del hospital en Madrid y de la clínica americana, me preguntó «¿qué pretende usted que yo haga». Ayúdeme a mantenerla sin dolor, cómoda y tranquila, y cuando llegue el momento ayúdela a morir, le pedí.

¿Cómo sabías del dolor?

Las crisis de porfiria son terribles. El dolor del vientre y la angustia pueden ser insoportables. Decidimos con Ernesto, su marido, que si se producía otro ataque debíamos darle toda la morfina necesaria para evitarle sufrimiento, pero también decidimos que si Paula tenía una infección, por ejemplo una pulmonía, frecuente en pacientes inmóviles, que no la trataríamos, no la mandaríamos de vuelta a un hospital ni le daríamos antibióticos, la dejaríamos irse al otro mundo en paz.

Se necesitaba un médico que entendiera la situación, no todos lo hacen.

Así es. No sólo Paula sufría, toda nuestra familia estaba devastada. Le expliqué a la doctora Forrester que deseaba probar con medicina alternativa, en vista que la ciencia convencional nada podía hacer por mi hija, y ella me puso en contacto con el doctor Miki Shima, especialista en medicina oriental. Luego busqué psíquicos, santones, chamanes y cuanto milagro ofrecía el mercado. Cheri Forrester me dijo que si fuera su hija ella haría lo mismo, pero que eso debía tener un límite o se convertiría en un vicio, una adicción a la esperanza. Pusimos como límite tres meses. En ese tiempo lo intenté todo, incluso un tipo que me vendió un colchón imantado para «mover la energía», otro que llegó con bidones de agua de una virgen milagrosa en México y un psíquico a distancia, que cobró una fortuna por mirar una foto de Paula y recomendar que le dieran vitaminas. Entretanto había una cadena de gente rezando por ella en tres continentes. Se conectaron los colegios teresianos del mundo para pedir por ella diariamente. Yo no soy una persona religiosa, pero me aferré a todas esas esperanzas... Tres meses más tarde nada había mejorado, Paula empeoraba lentamente. Debí admitir entonces que nada, ni los colchones imantados, ni las hierbas chinas, ni las agujas de oro, ni los psíquicos telepáticos habían obrado el milagro esperado.

Me acuerdo muy bien de ese año, cada vez que te veía estabas peor, más desencajada, más triste...

En septiembre comencé a aceptar que tenía por delante muchos años con Paula en ese estado, que se trataba de un proceso muy lento y triste, que debía dosificar mis fuerzas o moriría antes que ella. No había objetivo ni final, sólo el lento trayecto de la vida hacia la muerte. Pero me aferraba a su cuerpo, encontraba cierta felicidad en abrazarla, cuidarla, ponerla en su silla de ruedas y sacarla a la terraza a tomar sol... Después comenzó el frío del invierno y ya no podía sacarla, entonces la aco-

modaba en su pieza calefaccionada y le ponía música
clásica, me sentaba a su lado a leerle poemas, a contarle
del pasado.

¿Hubo algún signo de entendimiento por su parte?

Nunca. Los ojos se le fueron poniendo más y más
opacos, cada vez era más difícil percibir algún signo; se
fue para adentro, como si cortara uno a uno los hilos
que la ataban a la realidad y a la vida. A mediados de no-
viembre dejé de rezar para que viviera y comencé a rezar
para que muriera suavemente. Vino Ernesto, su marido,
de visita desde Nueva York. Siempre que venía a ver a su
mujer llegaba con regalos para ella: perfumes, ropa de-
portiva que a ella le gustaba... ¡Era tan conmovedor ver
la firme certeza del amor de Ernesto por mi hija! La colocaba en el suelo apoyada en almohadones y se tendía a
su lado a dormir la siesta. Parecían una pareja enamorada, profundamente dormidos... pero de cerca veía lágrimas secas en las mejillas de mi yerno.

*(Hace una pausa. El recuerdo se apodera de ella. La
voz pierde su tonalidad musical.)*

Comprendí que ese hombre podía pasar años atado
a una mujer que era un cadáver viviente; hablé con él
para convencerlo que tratara de despegarse de ella, de
irse alejando, de rehacer su vida. Le expliqué una vez
más lo que él ya sabía pero su corazón negaba: que Paula nunca tendría una vida consciente, no podría gozar ni
siquiera de los pájaros o del aire libre; que daba lo mismo dónde estuviera y con quién, puesto que ya no pertenecía a este mundo. Déjala ir, Ernesto, le supliqué, me
han dicho que cuando uno se aferra, la persona agoniza
eternamente y no puede morir, porque está como ama-
rrada. Finalmente Ernesto, llorando, aceptó. Al día siguiente fuimos ambos a la pieza de Paula, nos encerra-

mos con llave, la recogimos en nuestros brazos y le dijimos que se podía ir, que nosotros estábamos bien, que íbamos a estar bien, siempre muy unidos con ella en espíritu, que nunca la olvidaríamos, que se fuera por favor, porque nada le quedaba por hacer presa en ese cuerpo y era un sufrimiento intolerable para todos nosotros verla así atrapada. A partir de ese día hubo un deterioro notable en Paula. Tal vez había comenzado antes y yo no quise verlo. Noté síntomas que no había visto antes… Seis días después murió.

(*A ella le corren las lágrimas por las mejillas, muy quedito. El nudo que me estruja el pecho se desata en sollozos. Hacemos una larga pausa.*)

Murió el 6 de diciembre, un domingo a las cuatro de la madrugada, exactamente un año después de caer en coma. Ernesto había partido a la China en un viaje relámpago por asuntos de su oficina. El sábado, cuando nos dimos cuenta que Paula se moría, no lo pudimos ubicar. Le dejamos un recado telefónico y cuando llegó a su casa en Nueva York, veinticuatro horas más tarde, encontró nuestros mensajes urgentes y de inmediato tomó un avión a California. Habían pasado como treinta horas desde la muerte de Paula. Durante ese tiempo ella lo esperó en su cama, porque yo quería que Ernesto se despidiera de ella en la casa. Celia, mi nuera, y yo abrimos todas las ventanas para que entrara el aire del invierno y el cuerpo se mantuviera fresco. Envueltas en mantas, nos sentamos junto a la cama de Paula. Los niños, Alejandro de año y medio y Andrea de seis meses, jugaban con abrigos y gorros de lana. Y el gato se instaló a los pies de la cama, sin moverse durante todas esas horas. La vida familiar siguió… ¿Qué huella habrá dejado ese memorable fin de semana en el alma de mis nietos? No creo que sea un recuerdo morboso, creo que es un sedimento de paz profunda, una comprensión de la vida y la muerte, inseparables. (*En su rostro hay una tris-*

teza infinita.) El nombre de Paula flota en el aire, su espíritu está siempre en nuestra memoria, en nuestras conversaciones. Cuando Alejandro está triste, dice que echa de menos a Paula. En verdad está triste por otras razones, a todos nos pasa, incluso a los niños, pero él no sabe decir qué lo angustia. Somos muy fuertes en esta familia, no lloramos con facilidad, pero Alejandro nos ha visto llorar por Paula. Tal vez este niño piensa que la única razón aceptable para el llanto es esa tía que se fue para siempre.

(La voz es suave; está llegando al final de una plegaria.)

Paula abrió un espacio donde otros pueden llorar sus penas. Así pasa con los miles de lectores que, a raíz del libro, te escriben cartas conmovedoras.

A veces mi nieto está triste porque se siente inseguro, por sus propias pérdidas que no sabe nombrar, y se escuda en la memoria de Paula para llorar. Eso les sucede a muchos lectores. Mira, lee esta carta que llegó hoy. Es de una mujer que leyó *Paula* en un avión. Dice que al llegar al aeropuerto de Milán no salió corriendo a buscar un taxi, sino que se sentó a terminar el libro y a llorar durante horas. En el fondo lloraba por todas las pérdidas y abandonos y separaciones de su vida, no por Paula; lloraba un divorcio, la muerte de su madre y muchas otras cosas que no se dio permiso para llorar antes. Paula abrió una compuerta y un río incontenible de lágrimas retenidas la bañó en aquel aeropuerto de Milán.

Hay algo que me llama mucho la atención en ti, aun antes de la muerte de Paula. De la misma manera que celebras la vida, el amor, el erotismo, tienes un ritual eterno, ancestral, de unión con los muertos amados.

Hay dos escenas en tus libros que me han conmovido poderosamente: cómo prepara Clara el cadáver de Férula. Le quedan dos o tres pelos en el cráneo, está convertida en una miseria humana en un cuartucho de lástima donde ha muerto pobre y abandonada; Clara la lava, la limpia, le habla de la familia, se despide de ella como tú te despediste de Paula. Eva Luna hace lo mismo con Zulema después que ésta se suicida de un tiro en la boca: la lava, la peina, la arregla, la deja presentable para que la vea su marido. En estos tiempos y en esta cultura norteamericana donde vivimos es inconcebible tanto amor a un muerto. ¿De dónde te viene esa devoción?

No sé. Nunca lo vi. Lo imaginé en mis libros. ¡Ah! Lo viví un poco cuando murió mi suegra, a quien yo quería mucho… Cuando se muere alguien amado, a uno le toma un tiempo despedirse del cuerpo y todos esos rituales ayudan a aceptar la muerte; es como una transición, una despedida última antes de separarse. Es difícil decir: «el cuerpo se fue para siempre, ahora debemos inventar una relación puramente espiritual». Mi suegra era un alma prístina, transparente, un ser inocente, puro amor. Murió en un hospital en Uruguay en 1978. Era un momento pésimo en mi vida, mi matrimonio con Miguel era un desastre, yo estaba enamorada de un músico y pretendía seguirlo a España, pero mi suegra enfermó gravemente y fui a despedirme de ella. Llegué al hospital al anochecer. Mi cuñada, extenuada, había partido a su casa a descansar un poco; no se había separado de su madre en muchos días. Cuando llegué estaban trasladando a mi suegra de terapia intensiva a una sala privada, donde pudiera morir tranquila. Me quedé con ella toda la noche, en algún momento me acosté en la cama con ella y empecé a contarle de sus nietos, que ella adoraba y no había visto en más de dos años, de nuestra vida

en Venezuela, del trabajo de Miguel, y no le mencioné,
por supuesto, lo mal que iba nuestro matrimonio; sólo
le hablé de las cosas buenas y de cómo la echábamos de
menos, y cómo la vida no había sido nunca igual desde
que nos separamos de ella, cómo su presencia había sido
el norte de las vidas de Paula y Nicolás. Le mostré las fotos de los niños... Ella estaba en coma, desangrándose
por dentro, pero tal vez su espíritu se enteró de las buenas noticias.

¿Te respondía?

No, estaba completamente inconsciente. El médico
vino al amanecer y me dijo que le quedaba muy poco
rato de vida. Entonces me acordé que no había llamado
a Miguel a Venezuela; salí corriendo a buscar un teléfono y le dije que debía venirse en el primer avión que en-
contrara, porque su madre lo estaba esperando para morirse. Pensé que tal vez no llegaría a tiempo, pero que
debía estar presente para ayudar a su padre y su hermana en ese trance. Mi suegra vivió todo ese día, esperó
que llegara su hijo y murió veinte minutos después. Supongo que esa noche junto a mi suegra y el tiempo que
pasé después con su cuerpo, inspiraron los pasajes de *La
casa de los espíritus* y de *Eva Luna* en que Clara y Eva rin-
den un último homenaje íntimo a los cadáveres de Férula y de Zulema. La noche que murió Paula, Celia y yo
cumplimos con esas íntimas ceremonias como si las hubiéramos ensayado muchas veces: escogimos su ropa,
acomodamos la pieza, le pusimos en el pecho las fotos
de los niños, para que los cuidara siempre, hicimos un
pequeño altar medio pagano, encendimos velas, pusimos flores; actuamos como viejas comadres enlutadas
en Grecia, que ayudan al moribundo, después visten el
cuerpo y lloran a gritos en el entierro. Repetimos gestos

antiguos, gestos inscritos en la memoria genética. Así como las mujeres sabemos instintivamente qué hacer cuando damos a luz, así sabemos enfrentar la muerte. Mi relación con mi ex nuera, Celia, está marcada por tres acontecimientos fundamentales: el nacimiento de mis dos nietas, que presencié, ayudándolas a salir del vientre de su madre, y la transición de Paula hacia la muerte, en la que ella estuvo presente, ayudándome. Eso creó un vínculo esencial entre las dos.

Hay gente que ha sentido que trivializabas tu tragedia personal al hacer despliegue público de un dolor tan íntimo. ¿Lograste algún consuelo?

Una estudiante me preguntó si no me sentía vulnerable por haber contado todos los secretos. Le dije que no, que me sentía mucho más fuerte. Los secretos debilitan, la verdad fortalece. Al compartir esa experiencia con otros he aprendido que no estoy sola en el sufrimiento, todo el mundo tiene su propia carga. Eso no es un consuelo, pero me hace más humilde y me permite aceptar más resignadamente las pruebas de mi destino.

Mientras hablas me doy cuenta de que todo lo has vivido y asumido a fondo: la dicha, la pasión, el éxito, el amor, el dolor y la hermandad; has asumido a fondo todo lo que tiene la vida para dar.

Para dar y para quitar… Cuando las cosas suceden, uno las enfrenta como puede, a ciegas, a manotazos, sin planes, sin elegancia, el análisis viene mucho después. A veces el destino nos pone en callejones sin salida, donde no hay escapatoria y no hay más remedio que zambullirnos. El embarazo es una buena metáfora. Son nueve meses con algo creciendo dentro del vientre, inevitablemente. Nada sacas con quejarte de la gordura, las piernas hinchadas, los vómitos, esos nueve meses transcurren inexorables, hasta que llega el momento de dar a luz. Luego tienes al niño en brazos y te lo pones al seno y, con suerte, lo verás crecer… y con muy mala suerte, tal vez lo veas morir. Así siento que es mi vida: un proceso natural, doloroso e incómodo unas veces, maravilloso otras; es un camino sin retorno, sólo avanzamos hacia la muerte, día a día. Después uno arregla el pasado, engañando a la memoria.

¿Cómo es eso?

Sólo recordamos lo que deseamos preservar: lo más brillante y lo más oscuro. Los grises se pierden. La memoria, como la ficción, se mueve de revelación en revelación.

* * *

Carta de Isabel a Celia Correas Zapata
desde Madrid,
en enero de 1992

Aprovecho unas horas muertas para escribirte, a pesar de que las cartas demoran tanto, que cuando recibas ésta ya Paulita estará bailando flamenco y esta pesadilla habrá quedado atrás.

Willie llegó a verme y su visita me ha hecho bien, compruebo que tengo una vida fuera del hospital, donde he pasado noche y día del mes de diciembre y parte de este enero. Existe un hombre, que es mi marido, otro hijo, un nieto, amigos, el sol de California y una casa que me espera, con objetos queridos y flores plantadas por mí. Hay alegría en alguna parte... Pensaba que nunca más podría hacer el amor, reírme o saborear un buen vino, que algo irrecuperable se me había quebrado adentro. No es así.

Tengo a Paula conmigo siempre, como cuando la llevaba creciendo en el vientre, una presencia constante y maravillosa. Trato de no verla sólo enferma, sino recordarla riéndose, con el pelo al viento, ver a la linda muchacha que ella era y que volverá a ser. Me ha bajado una especie de certeza de que sanará, se irá a los Estados Unidos con su marido y un día no muy lejano estará mirando por la ventana los puentes en la bahía de San Francisco. Tal vez sea en una silla de ruedas, pero eso me parece tan poca cosa... ¡Cómo se distorsionan las prioridades y los valores en una tragedia así! Me limito a rezar para que se salve, para que salga de terapia intensiva, para que vuelva a respirar sin ayuda, sin atreverme a pensar en los meses o años que vendrán después, tiempo terrible también en el que ella deberá luchar como una desesperada para obtener minúsculas victorias. Un día moverá una mano, otro día volverá a sonreír, y así, como un bebé, deberá aprenderlo todo de nuevo. Uno de los aspectos más temibles de la porfiria es que un tercio de los pacientes que se recuperan de una crisis como ésta tienen problemas mentales. Se produce una depresión orgánica difícil de tratar, porque no pueden tomar fármacos. Alucinaciones, tendencias suicidas, melancolía. Ojalá nos libremos de eso, mi pobre hija ya ha sufrido bastante.

A ratos me espanto ¿cómo puede habernos pasado esto? Estos dramas les ocurren a otras personas... ¡siempre a otras! A veces con mi mamá sacábamos cuenta de lo afortunados que somos en nuestra familia, la violencia y la muerte nos han rondado siempre, pisándonos los talones, pero nunca nos tocaban. Escapábamos siempre como jabonados, pero escapábamos. Ahora el dolor no nos suelta, siento que me voy a morir, que no puedo meter aire en los pulmones. Pido al cielo que le dé a Paula mi energía y mi salud, ya he vivido 49 años y he hecho todo lo que se puede hacer ¿qué más? ¿por qué ella y no yo?

Con la enfermedad de Paulita todo cambia. Willie y yo estaremos separados, no te imaginas cómo nos duele, pero no hay otra solución. Él no puede dejar su trabajo y yo pasaré el año entero en Madrid. Viajaremos, pero por mucho que lo hagamos no será suficiente. Nos encontramos muy tarde en la vida, por eso nos habíamos propuesto no separarnos nunca, pero a veces uno no controla nada, el destino hace una trastada y nos deja mirando en otra dirección. Pienso en Ernesto, que tanto quiere a Paulita. Me dijo que la echaba de menos, que le hace falta, que la casa sin ella parece un hueco vacío. Ese hombre tendrá que ser muy fuerte y muy paciente, porque no tendrá hasta mucho tiempo más la novia con la cual se casó.

El dolor es algo muy extraño, es como un aprendizaje necesario. Sin dolor no crecemos realmente. Al principio uno se defiende, patalea, resiste, lo niega, lo rechaza, se enoja, pero el dolor es persistente y al final siempre gana y te dobla la mano. Si eres fuerte y tienes suerte, te dobla pero no te quiebra. Hay un momento de aceptación, te das cuenta lentamente que no hay escapatoria posible y que debes beber hasta la última gota de ese cáliz. Sufres no más, sin atenuantes y llegas al fondo, das una patada y empiezas a emerger a la superficie. Sé que ese momento llegará para mí, así ha sido antes en mi vida. Pero ahora estoy todavía en la etapa de la negación y el rechazo, por eso el dolor me duele más. Si pudiera abrirme y recibirlo como una esponja, sin oponerle resistencia, dejar que me invada por completo, hasta el último resquicio, pasaría a través de mí y luego se iría retirando. Dejaría machucones, cicatrices y recuerdos, pero se iría. Ernesto tiene una gran sabiduría natural, él acepta lo que ha pasado y está tranquilo en el sufrimiento, nunca lo he visto rebelarse, por el contrario, me dice que no me angustie, que todo lo que pasa es para mejor y que me ponga en manos de Dios. Hay seres como Ernesto, pero la gente pequeña, como yo, dudan de Dios y de sí mismos y necesitan recibir muchos palos para aprender las lecciones indispensables. Éste es un lento camino hacia el conocimiento, tropezando varias veces con las mismas piedras, pero al final tal vez llegue a vieja con algo de sabiduría.

En estos momentos he aprendido que lo único verdaderamente importante es el amor. Paula sembró cariño a lo largo de su vida y ahora lo cosecha para ella y también para mí. Es muy conmovedor comprobar cuánta gente quiere a mi hija. ¡Mi Paulita! Ay, Celia, ¿cuándo terminará esto? ¿qué nos espera? Ya no puedo más…

De hijos y libros

Óyeme estas palabras
que me salen ardiendo,
y que nadie diría si yo no
las dijera.

PABLO NERUDA

El Tata había tenido una novia también llamada Rosa que murió en circunstancias misteriosas. No se supo nunca con certeza si murió envenenada, como Rosa en *La casa de los espíritus*, pero sí es cierto que el Tata se casó con la hermana menor de Rosa, Isabel Barros Moreira, abuela de Isabel a quien debe su nombre. Esa abuela no la abandona nunca: «Escribía sin esfuerzo alguno, sin pensar, porque mi abuela clarividente me dictaba…», dice Isabel, quien todavía piensa que los espíritus de sus abuelos se dieron cita en Caracas para dictarle la historia de la familia. Conocí a Isabel y a sus abuelos al mismo tiempo, porque ella lleva sus fotografías y las pone en la mesita de noche, al tomar posesión de la habitación de hotel donde se hospeda cuando está de viaje. Aunque en 1981 trabajaba doce horas diarias como secretaria administrativa en una escuela privada, al llegar a casa Isabel se ponía a escribir en su máquina portátil hasta el amanecer del día siguiente. En ese estado de trance no sentía ni fatiga ni sueño: «... era como si llevara una lámpara encendida por dentro».

La carta para el abuelo empezó a extenderse en forma imprevista y el peso de la bolsa donde llevaba el manuscrito con ella a todos lados aumentó de tal manera que cuando decidió contar las páginas tenía quinientas:

«... tan corregidas y vueltas a corregir con un líquido blanco, que algunas habían adquirido la consistencia del cartón, otras estaban manchadas de sopa o tenían añadidos pegados con adhesivo que se desplegaban como mapas...». Isabel no sabe todavía que ha empezado a cumplirse su destino escogido, pero siente la magnitud de la obra dada a luz con estremecimiento genésico: «... esa pila de hojas amarradas con una cinta era para mí como un hijo recién nacido».

Termina de escribir *La casa de los espíritus* cerca de las vacaciones de Navidad en Caracas. Le he preguntado muchas veces si se sintió algo diferente la noche de 1981 en que puso la palabra fin: «Fue en mi dormitorio, donde había trasladado la máquina de escribir, mientras Miguel dormía, en la madrugada.» Me dijo que escribió la última palabra después de un sueño con el Tata que le ayudó a resolver el desenlace donde se había atascado; cerró la máquina, ató el manuscrito con la misma cinta de siempre, lo metió en el bolso, apagó la luz y se fue a dormir.

«El epílogo fue lo más difícil, lo escribí muchas veces sin dar con el tono, me quedaba sentimental, o bien, como un sermón o un panfleto político; sabía qué quería contar, pero no sabía cómo expresarlo, hasta que una vez más los fantasmas vinieron en mi ayuda.» Ve a su abuelo muerto en el sueño, en el mismo cuarto donde ella entró de niña a robar el espejo de plata de la Memé y se sienta a su lado a contarle la historia que acaba de escribir, y mientras habla con él, se disipan las sombras y el cuarto se llena de luz. Se da cuenta entonces que la solución es dejar que Alba cuente la historia. «Alba, la nieta, escribe la historia de la familia junto al cadáver de su abuelo, Esteban Trueba, mientras aguarda la mañana para enterrarlo.»

Isabel Allende había sido periodista, narradora de cuentos para niños, autora de obras teatrales y guionista para radio y televisión sin atreverse a admitir su verdadera vocación de escritora. Al terminar *La casa de los espíritus* no tenía ni la más remota idea del paso gigantesco que había dado, ni tampoco en qué dirección iba. «No sabía que esas páginas me cambiarían la vida, pero sentí que había terminado un largo tiempo de parálisis y mudez.»

El regocijo ante el triunfo de la escritora es unánime en la familia de Isabel y Miguel Frías. Tardan en ver la primera edición de *La casa de los espíritus*, publicada por Plaza y Janés en España, que aparece al fin en Caracas por los buenos oficios del tío Ramón. Siguen los viajes de promoción y los primeros contactos con los editores de Europa. Desde hace varios años su matrimonio con Michael ha sido un largo esfuerzo de cortesía para convivir en paz.

Hace años que murió la pasión; queda entre ellos un entendimiento cordial. La alegría del triunfo por *La casa de los espíritus* queda postergada cuando Miguel pierde su trabajo y empieza a sufrir desmayos. Es entonces cuando los médicos descubren que Miguel, Paula y Nicolás padecen la misma condición genética: porfiria. No es motivo de alarma inmediata. Con precauciones mínimas los porfíricos pueden llevar una vida normal. La brecha se agranda más entre Isabel y Miguel. «Era imposible enfrentarse con ese marido que no oponía resistencia.» Años antes, cuando Isabel siguió al flautista argentino «... en un trance hipnótico, como las ratas de Hamelín...» para regresar a los tres meses porque no podía vivir sin sus hijos, Miguel pensó, quizá por flema británica, que seguirían viviendo juntos como si nada hubiera ocurrido; «... esa ceguera ante la realidad era el rasgo más fuerte de su carácter...», escribió en *Paula*.

El fin es inevitable. La separación definitiva se lleva a cabo sin grandes desgarramientos; después de veinticuatro años de casada, Isabel Allende vuelve a ser libre.

Para entonces ha publicado tres libros: *La casa de los espíritus*, *De amor y de sombra* y *Eva Luna*.

Isabel ante todo es madre. Ama a sus hijos con un amor entero y consciente que aprendió de su madre, pero más regocijado, sin los velos de tristeza que envolvieron su propia infancia. Antes de nacer Paula, la vio en un sueño apenas concebida. Al igual que entre su madre e Isabel, se desarrolló entre ella y Paula una comunicación secreta mientras la llevaba en el vientre. Le dice: «Ese tiempo que estuviste dentro de mí fue la felicidad perfecta. No he vuelto a sentirme tan bien acompañada.»

Pía Leiva, su gran amiga chilena, recuerda la febril actividad de Isabel antes de las fiestas de cumpleaños, entregada a fabricar juguetes, adornos, pinturas infantiles, disfraces, libros dedicados a sus niños, teatro de títeres, pantomimas, desfiles, todo lo que fuera hecho por su ingenio o con sus propias manos para alegrar a sus hijos.

«Los hijos condicionaron mi existencia; desde que nacieron no he vuelto a pensar en mí en términos individuales; soy parte de un trío inseparable… nunca se me ocurrió que la maternidad fuera optativa, la consideraba inevitable, como las estaciones.»

La película documental basada en *Paula* realizada por la BBC y narrada por Isabel, sólo fue posible porque entre ella y su madre Panchita habían acumulado a través de los años las fotos y los objetos más queridos de Paula en una especie de santuario. Allí todo permaneció intacto a pesar de las mudanzas, los viajes y los cambios en la vida de la familia entera. Las fotos fueron guardadas como reliquias; por ellas desfilan las distintas etapas de los hijos: recién nacidos, Isabel en bata blanca, cansada pero victoriosa con el trofeo en los brazos después del parto, los niños Paula y Nicolás en la escuela primaria de la misma época cuando aparecen en los cuentos de Isabel como Juanita y Perico, fiestas familiares al terminar sus estudios, el día del casamiento, los nietos.

Esta sensitiva del amor no puede dejar de ver la semejanza que existe entre la creación de un hijo y la de un libro. «El proceso alegre de engendrar un niño, la paciencia de gestarlo, la fortaleza para traerlo a la vida, el sentimiento de profundo asombro en que culmina, sólo puedo compararlo al de crear un libro. Los hijos, como los libros, son viajes al interior de una misma, en los cuales el cuerpo, la mente y el alma cambian de dirección, se vuelven hacia el centro mismo de la existencia.»

En octubre de 1987 Isabel llega a California invitada por el Centro de Poesía y el Departamento de Lenguas Extranjeras de la Universidad Estatal de California, en San José. Se va dejando una estela de risas y alegría, de entusiasmo y cariño entre alumnos y profesores, alianza que los años, en vez de atenuar, fortalecen, porque Isabel ha sido señalada por un sino extraño que le exige seguir andando para cumplir su destino, y volverá una y otra vez a San José, punto de partida de su etapa en Estados Unidos, donde la parte más decisiva de su vida está por vivirse.

Hay un encuentro fortuito en ese primer viaje e Isabel se convierte en la heroína y protagonista de una historia de amor al conocer a Willie Gordon. Han pasado diez años y la unión entre ellos ha sido puesta a prueba sin tregua. Como una campana de buen temple sigue tañendo con la claridad del principio, cuando se miraron a los ojos en el hotel Fairmont de San José. Ni las tragedias de las hijas Paula y Jennifer, muertas prematuramente, ni los problemas de los otros hijos de Willie o las dificultades de Isabel para adaptarse en Estados Unidos han logrado mellar el metal del buen amor que los une. «Juntos tenemos la fuerza de un tren», ha escrito Isabel.

«Era como volver a nacer, podría inventar una fresca versión de mí misma, sólo para ese hombre.» Al conocerse, Isabel ya tiene tres novelas publicadas y es aclamada internacionalmente por las traducciones de sus libros a más de veintiocho lenguas diferentes. Aunque Willie había leído *De amor y de sombra* dos meses antes del primer encuentro con Isabel en San José, y sin duda había entrado en el mundo de ella antes que ella entrara en el de él, la atracción entre ambos es una descarga eléctrica a primera vista.

«¿Cómo era mi vida antes de Willie? Era una buena vida también, plena de emociones fuertes. He vivido en los extremos, pocas cosas han sido fáciles o suaves para mí... conquistar cada bastión con una espada en la mano, ni un instante de tregua o aburrimiento, grandes éxitos y tremendos fracasos, pasiones y amores, también soledad, trabajo, pérdidas y abandonos.» En su columna «Los impertinentes», anticipándose al porvenir, Isabel muestra una idea positiva de los maridos americanos cuando dice: «Éste es de los escasos ejemplares que lava los platos, juega con los niños [...] corta el pasto los sábados.»

Esta experiencia matrimonial y hogareña en California será muy diferente a su primer matrimonio. Todo le opone resistencia en su nueva vida: el ambiente, la lengua, la personalidad de Willie, quien la ama sin dejarse subyugar, el hijo menor de Willie en la casa y sus hijos mayores en la calle metiéndose en aprietos; un cúmulo de circunstancias adversas coalescen alrededor de ella para desanimarla. Sin embargo, esta luchadora que se ha pasado «toreando la vida» no se deja amilanar y hace lo mismo que hizo en Caracas cuando su vida en casa se tornó intolerable: escribir. En pie de guerra, con un machete en la mano y un lapicero en la otra, escribió los *Cuentos de Eva Luna* en el estudio de abogado de Willie en pleno centro de San Francisco. Medianamente pacificado el territorio doméstico, continuó con *El plan infinito*, la vida novelada del hombre amado en el personaje de Gregory Reeves. Cuando Willie vio el libro publicado por primera vez se sintió consagrado en el amor. Me ha dicho que fue uno de los momentos más felices de su vida.

En 1991, el trabajo, la paciencia y el amor comienzan a dar frutos tangibles. Sus hijos, Paula y después Nicolás, se casan en Caracas poco después que ella misma lo hace en California, atacados los tres al mismo tiempo por la misma locura amorosa. Paula se radica en España con Ernesto, una pareja joven y enamorada de la que se espera una vida larga y fecunda, con algunos nietos para que Isabel los consienta. El 6 de diciembre de 1991, cuando Isabel presenta en España al público *El plan infinito*, recién salido de la imprenta, recibe una llamada de urgencia: se trata de su hija Paula.

La última voz consciente de Paula es para decirle: «Te quiero, mamá.» Por obra de un error o de la fatalidad, Paula entra en coma y permanece en estado vegetativo en el hospital de Madrid los primeros seis meses y luego seis meses más en la casa familiar de San Rafael, en California, al cuidado de su madre. Al ver el cuerpo de su hija invadido por tubos, agujas, sondas; conectado noche y día a un respirador automático, Isabel se resiste a dejarse vencer por la enfermedad. La arranca del hospital de Madrid apenas puede respirar sola e instala una sala de primeros auxilios a bordo del avión de pasajeros que las trae a Estados Unidos. Paula nunca sale de su inconsciencia. Son meses de atisbar en sus pupilas fijas para mantener la esperanza. El domingo 15 de junio de 1994, después de leer el manuscrito de *Paula,* le escribí una nota muy conmovida a Isabel: «A partir de una carta que me escribiste en un vuelo a Madrid me acerqué a tu proyecto de recuperación de Paula y participé en la expectativa de su regreso a tu mundo, a nuestro mundo, el único que conocemos. Al leer el manuscrito, yo, que conocía el final de antemano, llevaba una especie de venda piadosa que me dejó unirme a tu esperanza, y aun sabiendo que no existía la salvación dejé que me llevaras por el camino del imposible, del milagro.» Se necesitan fuerzas sobrehumanas para ver a una hija fuera del alcance amoroso de una madre. «¿Qué relación hay entre esa figura inerte y la joven esbelta llena de impetuosa bondad? Ay, aquella gracia tuya, niña mía», dirá la voz dolorida de Isabel al contemplar el estado en que yace su hija.

Todos esperábamos un milagro. Isabel creyó ver señales de vida interior en Paula pujando por manifestarse en sus gestos. Ella, la gladiadora invencible, soberana de los sueños, madre tierna y sensible, llena de energía redentora, intenta pactar con el Creador para que viva Paula a través de ella: «¿Puedo vivir por ti? ¿Llevarte en mi cuerpo para que existas los cincuenta o los sesenta años que te robaron? No es recordarte lo que pretendo, sino vivir tu vida, ser tú, que ames, sientas y palpites en mí, que cada gesto mío sea un gesto tuyo, que mi voz sea tu voz. Borrarme, desaparecer para que tomes posesión de mí, hija, que tu incansable y alegre bondad sustituya por completo mis añejos temores, mis pobres ambiciones, mi agotada vanidad.»

Paula es más que una memoria, es una larga plegaria. Se levantan al unísono los espíritus amados de Isabel y al igual que cuando le dictaron *La casa de los espíritus* al oído, sus voces se funden en una sola nota de armonioso concierto en la elegía. Isabel sale al encuentro de la muerte y la convierte en aliada de la vida, inmortalizando el espíritu de su hija. En una carta escrita por Paula durante su luna de miel en Escocia para que sea abierta después de su muerte, pide que no la olviden. Al escribir *Paula*, la madre cumple la última voluntad de la hija. El libro nos reúne otra vez con Paula mujer y como en una hierofanía, ceremonia sagrada que se repite conservando su sacralidad en cada acto, volvemos a reunirnos con ella cada vez que leemos esas páginas. En el mensaje final, Paula nos acerca a cada uno de nosotros a los espíritus de nuestros muertos y de nuestros vivos distanciados. Hay una sola luz para ver en la penumbra de los dos ámbitos: el amor.

Isabel ha dicho durante la agonía de Paula: «Éste es un camino que debo recorrer sangrando», y se niega a anestesiarse con calmantes y somníferos. Cuando se pregunta dónde estaba Paula antes de nacer, dónde estará después de morir, doña Panchita, su madre, le responde: «Paula ya está con Dios. Dios es lo que une, aquello que mantiene el tejido de la vida, lo mismo que tú llamas amor.»

Es cierto, Isabel, Paula realizó milagros sutiles, como tú dijiste una vez: nos obligó a crecer y nos enseñó los caminos de la compasión y la sabiduría.

Afrodita

Hablemos de *Afrodita*, tu última obra hasta la fecha.
Tu traductora, Margaret S. Peden, dijo al leer el manuscrito que era una mezcla fascinante de investigación histórica, verdades psicológicas, humor y ficción.
En este libro, a través de la sensualidad, recuperas el
gusto por la vida después del largo duelo por la muerte de Paula. Parece un retorno a una sensualidad consciente, un poco espiritual, aunque parezca paradójico.
Háblame de este retorno a la sensualidad.

Este libro comenzó casi como una broma entre Robert Shekter, un amigo con quien me junto a menudo
para tomar café por la mañana. Se nos ocurrió que yo
podía escribir un libro sobre afrodisíacos con recetas
de cocina y él podía hacer las ilustraciones. Pero empecé a hacer la investigación y pronto me vi inmersa en el
vasto y apasionante tema de la sensualidad y la comida.
Empecé a reírme, redescubrí el placer del juego, la ironía, la narración libre y desenfadada, que casi había olvidado en los últimos años. Le pregunté a Carmen Balcells qué le parecía la idea y su entusiasmo me dio
confianza para seguir adelante. Escribí cerca de trescientas páginas, Robert Shekter hizo los dibujos y mi
madre, en Chile, creó más de cien recetas de cocina, de
acuerdo a una lista de productos afrodisíacos que le facilité, y luego vino a probarlas en mi casa de California.
Este libro me ha sacado de un túnel muy largo y oscuro donde estuve por tres años. Al fin vuelvo a percibir
el mundo en toda su estrafalaria incongruencia y su belleza.

Este giro hacia el ensayo revela un tipo de madurez especial, muy poco común en la mujer escritora que, por lo general, no ha sido ensayista, y menos con humor.

No le han dado oportunidad. La mujer escritora tiene que ganarse el respeto a pulso.

Por lo que he leído de *Afrodita*, puedo decir que es un texto humorístico, documentado, meditativo, reflexivo. Lo que más me gusta es que nos haces reír como en tus primeros tiempos.

¿Qué se puede decir en serio sobre erotismo y afrodisíacos? Me reí escribiéndolo, espero que otros sonrían leyéndolo.

Hay pasajes inolvidables de amor, pasión y ternura en tus libros. El deleite sensual está muy presente en todos, especialmente en *Afrodita*. Después de tantas páginas dedicadas al arte erótico y a los afrodisíacos, ¿cuál es la conclusión?

Después de dar dos vueltas completas por el mundo de los sentidos, descubro que el único afrodisíaco que funciona es el amor.

Amor y pasión, dos constantes en tu trabajo. Al comienzo de *Cuentos de Eva Luna* hay una larga escena muy sensual entre Rolf Carlé y Eva Luna; es la preparación del amor y de los cuentos que ella contará en el resto del libro. Cuando Irene Beltrán y Francisco hacen el amor en *De amor y de sombra* se sublima el amor. La noche junto a la mina de Los Riscos, Francisco «la inunda de aguas felices». ¿Qué mujer no ha soñado alguna vez con ser amada así? Hay una mezcla de pasión urgente y gran ternura en tus personajes.

¡Ah, los sentidos! Oler, tocar, gustar… Me interesan texturas, colores, aromas, sonidos, sabores. Quiero que mis personajes se relacionen con su realidad a través de los sentidos. Es en esos detalles percibidos sensualmente donde logro que el universo del libro adquiera credibilidad para los lectores. A veces me dicen: es como si yo mismo lo estuviera viviendo. De eso se trata, que la ficción se perciba como realidad. Por eso el erotismo es importante en la ficción.

¿Es *Afrodita* un ensayo sobre la sexualidad y la sensualidad?

Ensayo es una palabra que asusta. Digamos que son divagaciones sobre el placer. El erotismo deriva de la sensualidad, son inseparables. La sexualidad, en cambio, puede prescindir de ambos y ser un acto de pura brutalidad. En este libro me interesa la sensualidad.

¿Por qué no recurriste a la ficción, que es tu fuerte?

Hay tantas anécdotas e historias en *Afrodita*, que es como si fuera ficción. Dice mi agente, Carmen Balcells, que toda mi vida es ficción.

Después de *Afrodita*, ¿piensas volver a la novela?

Eso espero. En la ficción me siento más cómoda, navego como pato en el agua y de paso me entretengo, pero no puedo quejarme, con *Afrodita* me he divertido mucho también.

Me gusta el título, insinúa deleites y placeres sexuales.

¡Voy a usar esa frase para la publicidad! Quiero volver a la novela porque me atraen esos proyectos de largo aliento que consumen la vida: es como enamorarse. Hay gente que prefiere mis cuentos, pero creo que la novela es mi fuerte.

¿Hay elementos autobiográficos en las escenas de amor de tus novelas o en *Afrodita*?

Si yo fuera hombre, te diría que todo es autobiográfico y que hay mucho más, pero lo he callado por discreción. ¿Has visto cómo presumen los hombres en este campo? Y los escritores son los peores. Una vez, en una conferencia de bibliotecarios en la que me tocó dar el discurso inaugural, alguien me hizo esa pregunta. Era una mujer madura, cansada, obesa, como muchas de las personas en el público. Dije que esas escenas tórridas eran pura invención. Hubo un gran suspiro de alivio en la concurrencia.

¿Era ésa una respuesta honesta?

Digamos que fue una respuesta compasiva. Esas buenas bibliotecarias no podían irse con la idea de que la vida las había privado de algo que, en cambio, a mí me había dado a manos llenas, lo cual no es del todo verdadero. La mayoría de las veces describo el erotismo *como me gustaría que fuera*. He tenido buena suerte y mi propia experiencia me ha servido en algunas ocasiones, pero no soy una experta en el Kama Sutra y la coquetería no es mi fuerte. En materia erótica creo que estoy justo en el término medio. En todo lo que escribo hay elementos autobiográficos; sin haber sentido el miedo, el amor, la tristeza, la pasión, el deseo y una infinita gama de emociones, ¿cómo podría describirlos? En las escenas de amor cuento lo que algunas veces he vivido, pero a menudo sólo en la fantasía.

En qué quedamos, ¿lo has vivido o lo has imaginado?

Lo he vivido y lo he decorado. Decorado bastante… (*Se ríe.*) Tiendo a inventar virtudes que el amado no tiene, y si estoy enamorada, perdono mucho. Cierro los ojos e imagino que es un amante muy superior al que seguramente es en la vida real. Pero no me quejo. He tenido algunos momentos muy brillantes en el amor, momentos que recuerdo con nostalgia y gratitud, y que me sirven para las novelas.

Me reconforta que una abuela en la cincuentena de su vida escriba sobre la sensualidad, como haces en *Afrodita*.

¿Quién tiene más autoridad para tratar el tema que alguien que cuenta con medio siglo a la espalda? Por desgracia vivimos en esta sociedad donde a las mujeres no se les perdona la edad, Celia. A los hombres sí, siempre que tengan plata o poder. En otras culturas la edad es apreciada, las arrugas se llevan con orgullo, indican experiencia, tal vez sabiduría. Pero aquí las mujeres nos volvemos invisibles apenas nos salen canas, nadie nos mira ni nos oye, a nadie le interesamos excepto a otras mujeres también maduras. Sin embargo llevamos por dentro el mismo fuego de antes, sólo que en vez de emplearlo en los afanes de la seducción, lo convertimos en una tremenda curiosidad por el mundo y ganas de aprender y ayudar. Podemos transformarnos en brujas protectoras, generosas, radiantes. Y también podemos ser amantes apasionadas y sabias, ¿por qué no? Alguien le dijo a Gloria Steinam que no se veía de sesenta años y ella replicó sin vacilar: ¡así es como los sesenta años se ven! De modo que a quien me diga, después de leer *Afrodita*, que no parece escrito por una abuela cincuentona, le diré, como Gloria: ¡Así son los cincuenta!

Dices en *Afrodita* una frase que me provocó mucha risa: que la virginidad sólo sirve para perderla. Ese desenfado es poco usual en una mujer latina. Has escrito sobre tu propia sexualidad en términos muy abiertos. ¿No temes la reacción negativa del público, sobre todo de otras mujeres?

No, en general las lectoras se identifican con las tonterías que digo, porque todas hemos pasado por lo mismo. Creo que mi sexualidad ha recorrido diferentes etapas, tiene que ver con las hormonas. De los quince a los cuarenta estamos en plena etapa de reproducción, no es raro que actuemos como animales en celo. Hasta los treinta y cinco años yo era casi victoriana, después despertó mi curiosidad y decidí explorarla. Después de los cuarenta y cinco me puse selectiva, me importa más la calidad que la cantidad o la variedad. Tuve suerte, porque apareció Willie y ya no fue necesario andar a la caza de hombres por el universo. Varias amigas de mi edad anuncian con orgullo que no tienen interés en la sexualidad, aunque admiten que les gustaría tener compañía y ternura. Dicen que cuando termina esa obsesión viene una gran libertad y fuerza creadora. Leí el otro día que el secreto mejor guardado del mundo es que la mitad de los hombres se vuelven impotentes alrededor de los sesenta años. ¿Cuántos conoces que lo confiesen?

Ninguno. Hay dos situaciones muy opuestas, que me intrigan, en *La casa de los espíritus*. La aparente incapacidad de Clara para enamorarse de Esteban Trueba al comienzo y, sin embargo, la capacidad de ella para aceptar el amor físico, sexual con naturalidad. Luego, la intensidad del amor entre Blanca y Pedro Tercero; la determinación de ella para salir de la casa y vivir ese amor a escondidas. ¿Crees que las mujeres pueden encontrar en ellas fuerzas para llevar a cabo un gran amor clandestino?

Celia, no trates de explicar todo. En mis novelas, como en mí misma, hay muchas contradicciones. Creo que mujeres y hombres por igual pueden llevar a cabo un amor mintiendo. Crecí con la idea de que el amor todo lo puede, no te olvides que la leyenda del amor de mi madre y el tío Ramón marcó mi infancia. En un país donde no hay divorcio, en un medio católico y conservador, con familias poderosas y cerradas, esta pareja venció todos los obstáculos con la fuerza de su pasión. Pura pasión, como en las novelas, porque no son dos personas que se complementen, dos almas gemelas que se encuentran en el fragor del universo; en verdad me sorprende que hayan vivido juntos medio siglo teniendo tan poco en común. Pero de alguna parte sacaron fuerzas para desafiar a medio mundo y salvar su relación. Tal vez no hay tanta diferencia entre el amor y la pasión…

El principio de todo gran amor empieza así, apasionadamente.

¡Qué lástima que el ardor alborotado se transforme en amor calmado! A mí lo que me gusta es el alboroto.

En una situación donde dos personas se enamoran, ¿hay obstáculos insuperables que puedan encender la pasión o apagarla?

¿Qué es lo que enciende la pasión? La propia fantasía, supongo. ¿Qué la apaga? La rutina, si uno se descuida, y la pobreza. Creo que obstáculos como la distancia, diferencias de clases, de edad o de raza, hijastros… todo puede superarse; sin embargo, los obstáculos de conciencia destruyen la pasión para mí. Si me siento culpable, por ejemplo, llevo al enemigo adentro y al final me vence. Por eso no me resulta la infidelidad a largo plazo, el engaño me arruina el placer.

Por amor

Ha llegado el momento de hablar del flautista de Hamelín. Escribiste en *Paula* que en 1978, en Caracas, estando casada con Miguel, te enamoraste de un músico argentino. Lo describes con bastante ironía: tocaba la flauta en la cama, dices.

No se trata de una metáfora de dudoso gusto, en verdad tocaba ese instrumento: una flauta.

¿Como el del cuento que tanto te gustaba en la infancia?

Sí, puesto que lo seguí ciegamente hasta España, como esos pobres ratones de Hamelín. Me fue bastante mal en esa aventura, pero no podía hacer otra cosa. Peor hubiera sido quedarme para el resto de la vida con la frustración de que pasó el Amor Verdadero, con mayúscula, frente a mis narices y no tuve el valor para seguirlo.

¿Era el Amor Verdadero?

Claro que no, si hubiera sido no estaría aquí hoy, pero eso debía descubrirlo yo misma. Fue inútil que me lo advirtieran. A la razón más elemental se opuso la efervescencia de la pasión.

¿Te ha sucedido otras veces?

¿Enamorarme? Sí, pero algo aprendí en Hamelín y ya no sigo al primer flautista que pasa con su musiquita frente a mi ventana…

Si te quisieran clasificar y te dijeran que eres la escritora del amor, ¿lo aceptarías?

Peligroso, me parece. La escritora del amor suena a novelita rosa y nada más lejos de eso que las torcidas relaciones de mis personajes.

No, pero el amor es uno de los grandes temas en tu obra. Y sin duda lo es en tu vida.

Hay varios temas que se repiten en mis libros: amor, muerte, solidaridad, violencia. También temas políticos y sociales, sueños, coincidencias, elementos históricos. Pero tienes razón, en mi vida la motivación principal ha sido el amor, no sólo erótico, por supuesto. Tal vez el sustento del amor es la simpatía. Un clima de simpatía, afecto, intimidad, es como la buena tierra donde todo crece sin esfuerzo. Cuando digo «hacer el amor» hablo del encuentro que puede o no incluir sexo, es la comunicación cómplice, la solidaridad, las caricias, el humor. Se puede decir que «hago el amor» con mis nietos.

Celia, tu nuera, se divorció de tu hijo en condiciones bastante difíciles. Se enamoró de otra persona, también relacionada contigo, y por un tiempo pareció que esa familia que tanto te costó reunir se había roto definitivamente. Digamos que hubo un escándalo. ¿Qué sientes al respecto?

Defiendo a mi familia y todos sufrimos con lo que pasó, pero sigo queriendo a mi ex nuera.

Admirable. Éste es el tipo de situación que desencadena odios en las familias.

No odio ni a Pinochet, es mucho trabajo. Para el odio se requiere buena memoria y tiempo para perder. Sigo queriendo a Celia como una hija por las mismas razones que la quería antes; ella sigue siendo el mismo ser humano. Hirió a alguna gente, pero sin mala intención, porque no pudo evitarlo. Actuó impulsada por la pasión, ¿cómo no entenderlo, si yo he pasado por lo mismo?

¿Crees que el amor justifica acciones humanas que perjudican a otros seres indefensos?

Depende de las circunstancias, cada uno debe ver dentro de su propio corazón. Mi papel no es juzgar.

Mi padre decía siempre que era mejor dejar en libertad a un culpable que culpar a un inocente.

Nadie tiene la verdad en el bolsillo. Con la tolerancia uno se equivoca menos que con los excesos de virtud.

Se diría que tu madre ha sido una fuente muy grande de seguridad para ti en el amor.

Tal vez me resulta fácil querer a otros porque mi madre me ha querido tanto. De tanto recibir, aprendí a dar, dicen que eso se adquiere en la infancia.

Amar al prójimo es muy difícil. Un fariseo le preguntó a Jesucristo qué era lo más importante de su mensaje y

él replicó: «amar a Dios y amar al prójimo como a ti mismo». Tú lo vives, pero ¿qué haces cuando no te gusta alguien?

Lo evito. Hay ciertas características humanas que me producen gran desconfianza: la adulación, la prepotencia, la intolerancia, por ejemplo.

Hay gente que habla de amor, pero no sabe ejercerlo, no puede acercarse realmente a otro ser humano. ¿Hubo alguien en tu familia con una gran capacidad para el amor?

Quiero imaginar que mi abuela tenía esa capacidad, pero se murió antes de tiempo. Mi carácter sería muy distinto si yo hubiera contado con una abuela divertida, cariñosa e incondicional.

Cuando pienso en tu abuela, veo a Meryl Streep en la película.

No eres la única, sé que hay miembros de mi familia que tienen fotos de Meryl Streep y Jeremy Irons sobre el piano, en vez de mis abuelos. El poder del cine es admirable. Mi abuela era pequeña, de ojos y pelo oscuro, muy distinta a Meryl Streep.

¿Era tu abuela como Clara, dulce y tranquila, a veces despistada?

Sí, pero también era depresiva y melancólica, con arranques súbitos de ironía y humor. El mundo material la fastidiaba y su curiosidad por el Más Allá era tanta que se murió bastante joven, porque no resistió la atracción abismal de la muerte. Con el tiempo se fue espiritualizando, se despegó de la realidad y finalmente se fue no más.

Tú tienes una tendencia a espiritualizarte y volverte a veces un poco mística. Se manifiesta en los últimos capítulos ante la muerte de Paula.

A veces, cuando llevo muchos días encerrada escribiendo, tengo que hacer un esfuerzo por regresar a la realidad. Hablábamos de la capacidad de amar… Siempre se habla de cuánto una ama, pero rara vez se menciona cuánto una ha sido amada. He recibido mucho amor. Nunca un hombre me ha dejado, ¿no te parece una suerte increíble? No he tenido que matar por celos ni despecho.

Me cuesta creerte. Yo crecí oyendo tangos y leyendo a Bécquer. Todos amores que terminan mal. Tú tienes mucha seguridad en ti misma. ¿Hay alguna área en la que te sientes insegura?

Muchas. La estatura, por ejemplo. No voy a cócteles porque lo único que veo son los pelos de la nariz de la gente a mi alrededor. También la literatura: en quince años no he aprendido nada, con cada libro tengo que partir de cero, inventarlo todo de nuevo. Y la vida en general, siempre temo equivocarme y hacer daño a otros.

De 1 a 10, ¿qué nota te pondrías como escritora, esposa, madre, abuela?

Para ponerme nota tendría que compararme con otros y francamente no vale la pena, siempre salgo perdiendo. La maternidad ha determinado todas las decisiones importantes de mi camino, pero las prioridades cambian en las diversas etapas de la existencia. A mi edad soy más abuela que madre. Hay días que soy más amante que escritora, pero cuando estoy terminando una novela me desconecto de la realidad y le pregunto a Willie cómo se llama, porque veo a todo el mundo como sombras. Hace poco, cuando ponía los últimos toques a *Afrodita*, mi nieta de cuatro años se puso a llorar porque, absorta en la computadora, yo no le hablaba. Su hermano, dos años mayor, la consoló: «déjala, ya se le va a pasar, está imaginando…».

Tú te has jugado entera siempre; eso indica mucho valor. Hay gente que prefiere no amar porque no quiere sufrir. Volvamos a tu amante, que por lo visto estamos convirtiendo en un arquetipo universal, un tipo misterioso como el amante de «La última niebla». *(Isabel se ríe.)* Podías haber escogido no seguirlo a España; en ese momento sabías que la elección te podría acarrear consecuencias graves, seguiste el impulso de tu pasión. Pudiste quedarte en Chile después del golpe militar, no irte a Venezuela, donde pasaste tiempos bastante duros, pero no querías que tus hijos crecieran en una dictadura. Irte a Venezuela era desarraigarte completamente, pero lo asumiste sin miedo. Por años trataste de salvar un matrimonio que estaba muriendo sin remedio y, sin embargo, cuando llegó el momento de la separación, lo enfrentaste y resolviste en pocas horas. Igual asumes a tus hijos, tus nietos, la muerte, el nacimiento. Pudiste haber puesto a Paula en un hospital, ahorrándote así el dolor permanente de ver a tu hija morir poco a poco —es lo que hace la mayor parte de la gente—, pero la asumiste también. Recuerdo que le oí decir a Willie una

vez durante ese terrible año de su enfermedad: «si debemos hacernos cargo de Paula por el resto de nuestras vidas, lo haremos».

Willie también acepta la vida con todo su bagaje de
alegrías y sufrimientos. Él ha tenido que hacer frente a
penas más graves que las mías.

**Me dijiste que durante ese año te distanciaste de tu
marido, que sentías que él no compartía tu dolor, no
entendía la magnitud de tu pérdida.**

Me obsesioné con Paula y me cerré a todo lo que pudiera darme alegría. Pero Willie estuvo a mi lado como
una roca. En España, cuando él ya sospechaba que Paula nunca se recuperaría, pero aún nadie se atrevía a decírmelo, empezó a prepararme para la mala noticia. Estaba dispuesto a cargar con Paula por todo el tiempo que
fuera necesario; nunca lo oí quejarse, ¿cómo no voy a
amar a este hombre?

A él también le han pasado cosas muy graves.

Muchas. La peor es que su hija desapareció. Ya sabes
que la vida de Jennifer fue un infierno desde la adolescencia por culpa de las drogas. La policía supone que
tuvo una muerte violenta, pueden haberla asesinado o
murió de una sobredosis y tiraron el cuerpo por allí…
nunca lo encontramos.

Y dejó una hija de pocos meses. Sabrina, la niña milagrosa que nació con una sentencia de muerte y ahora vive. Willie y tú han pasado por mucho y han sometido el amor a pruebas de fuego.

He llorado mucho en su hombro, es la verdad. Durante el año de la enfermedad de Paula lloré tanto que se me infectaban los ojos y temí perder la vista en el izquierdo. Willie me abrazaba sin hacer preguntas ni tratar de consolarme, me dejaba desahogarme hasta que por último me dormía.

Yo creo que el gran amor no es aquel que se glorifica en los momentos de éxito o de triunfo; un gran amor se prueba en el dolor.

Meses después de la muerte de Paula se invirtieron los papeles: Willie lloraba por su hija desaparecida y por tantas otras penas acumuladas en su vida. No quiero darte la impresión que somos personas tristes y vivimos chapoteando en la desgracia. Por el contrario, el destino nos ha colmado a los dos de muchas cosas buenas. Todos los días, sin faltar uno solo, agradecemos la dicha de habernos encontrado, de nuestra familia y todo lo que tenemos. Al hacer un balance de mi existencia, diría que he sido muy feliz. He sido afortunada en el amor; en el amor de mi madre y mis hijos, ahora, en el de mis nietos; y también en el amor de unos cuantos hombres, de ciertos amigos que me acompañan en los fracasos y en los éxitos: mi amiga Pía Leiva en Chile, mi amigo Ildemaro en Venezuela, mi amiga Tabra en California. Al sacar la cuenta, los veintiocho años de dicha que pasé junto a mi hija son mucho más importantes que la eternidad de su muerte. Si tuviera que volver a vivir cada instante de dolor de ese año 1992, volvería a hacerlo con tal de haber tenido también los años de Paula sana. Hay gente que me ha dicho que nunca tendrá hijos para no sufrir si algo les ocurre. Entonces, sería mejor no haber nacido, porque el sufrimiento es inevitable.

Hay un poema de Pablo Neruda que dice: «El río durando se destruye. A medida que van pasando las aguas se van acabando, y nosotros mismos durando nos destruimos. Cada instante nuestro de duración es un instante de destrucción. ¿Me negaré a dar un paso por el temor de las consecuencias o aceptaré las consecuencias, que no siempre son felices? Con o sin sentido, la vida hay que vivirla. Al final, en la vejez, es cuando más fuerzas se necesitan y más débiles somos, cuando más falta hace el dinero y menos se tiene, cuando más se requieren amigos y más pega la soledad. Si supiéramos, cuando empezamos a vivir, que llegaremos a ser inválidos y solitarios, escogeríamos morir temprano. La vida termina en tono bajo, en tono menor, casi sin sonido, para entrar en el silencio absoluto de la muerte.» ¿No escribiste: «silencio antes de nacer, silencio después de morir, la vida es puro ruido entre dos grandes silencios»?

Sí, en *Paula*, me parece… En los cincuenta y tantos años de mi existencia, al cabo de muchos abandonos, separaciones, dolores, éxitos, penas, placeres, alegrías y risas —porque me he reído mucho, eso hay que decirlo—, he aprendido a estar abierta a cualquier experiencia que se presente. No temo sufrir, tampoco deteriorarme, envejecer, pasarlo mal, que hablen mal de mí, de la muerte. Temo, eso sí, la violencia. Se sufre menos si uno está abierto a la vida. Cuando uno está defendido, tratando de protegerse por todos los medios, se sufre anticipadamente por cosas que tal vez no ocurrirán.

¿Han tenido algo en común los hombres de los cuales te has enamorado?

Nada, excepto la inteligencia. Aunque en honor a la verdad, admito que nunca supe si el orejudo de Bolivia era inteligente, porque no cruzamos palabra. Según el tío Ramón, la cabeza sólo le servía para separar las orejas…

¿Qué es lo que te atrae en un comienzo?

Cuando yo era muy joven me atraía el interés que el hombre demostraba en mí. Bastaba que me mirara de una manera significativa para que yo floreciera y eso lo convertía a él en un príncipe a mis ojos. Era bien fácil. Después me puse un poco más selectiva: me fijaba en las manos, los ojos, el olor, el cuerpo en general, la voz. Como ves, puras características espirituales. Hoy me seduce la fuerza de carácter, no me gusta la gente débil. Y una cosa que me excita mucho es el sentido del humor. Si me río con un hombre, en general me dan ganas de conducirlo al lecho, pero no lo hago, por supuesto. Soy una abuela respetable. (*Se ríe provocativamente.*)

Eso funciona en ambos sentidos. Una mujer que tiene capacidad para la risa y sentido del humor atrae a los hombres. Tal vez sienten que ella baja las defensas, que no toma muy en serio las convenciones y los reglamentos sociales.

Si así fuera ¿dónde está la cola de admiradores que a mí me toca? En todas mis relaciones he sido la encargada del circo, la que organiza el espectáculo, la excitación, el juego. Cuando estaba casada con Miguel llegué al punto de armar una compañía de teatro entre los amigos: el circo era casi profesional. Me disfrazaba, planeaba cenas exóticas, me ponía plumas y bailaba sobre la mesa si las circunstancias lo requerían.

Hablas en pasado.

Ya no soy capaz de hacer tales maromas por un hombre. Ahora sólo las hago por mis nietos.

¿Qué es lo que consideras fuerza de carácter?

Cierto estoicismo, generosidad, no quejarse, proponerse metas y cumplirlas, tener una visión optimista de la vida y flexibilidad, asumir su destino con certeza, reconocer los errores y corregirlos. También me atrae la gente que se atreve a ser diferente.

Hay muchos casos, no sólo en la literatura, sino en la vida real, de mujeres inseguras que piensan que no van a ser amadas como ellas aman, mujeres que tienen terror a que las abandonen.

No saco esas cuentas, son una lata. Cuánto me amen no tiene que ver con cuánto amo yo. Quiero a mis nietos y a mis hijos mucho más de lo que ellos me quieren a mí, ¿y qué importa?

Pero con tu compañero, tu amante, no es lo mismo.

He tenido suerte, me han querido suficiente. Eso me da seguridad para no andar sacando cuentas. Me importa lo que yo ofrezco; cómo sea recibido, ése ya no es mi problema.

Bien, entonces, entramos en el gran amor, ¿cuáles son los momentos más memorables que has vivido? Dame una situación anecdótica.

¿Erótica? No sé, los recuerdos se me mezclan. (*Se está divirtiendo; se ve.*)

¿Tantos son?

No fueron tantos, pero tengo mala memoria. (*Con picardía.*)

Si prefieres, remítete a tus libros. ¿Cuál de las parejas que tengo yo bien presentes tuvo el amor más tórrido?

Irene y Francisco en *De amor y de sombra*. Se amaban con pasión y ternura, eran solidarios, compartían sentimientos e ideales. ¡Por un amor así yo dejaría todo lo que tengo en este mundo! Menos los nietos, claro.

En ese libro es notable también la falta de comunicación entre Irene y su madre. ¿Cómo crees que se puede lograr entendimiento, armonía y buena comunicación con los hijos?

¡Me haces preguntas tan difíciles! ¿Qué autoridad tengo para contestar eso? He cometido todos los errores posibles. Pero el sentido común indica que la combinación de amor, límites claros y franqueza es buena. Mis hijos no dieron problemas, ni siquiera en la adolescencia. Miguel impuso el respeto en la casa, eso ayudó mucho, no éramos una familia que anduviera golpeando puertas o insultándose. Tratábamos a los hijos como si fueran enanos: adultos de corta estatura. Sobre la base del respeto, se creó un sistema de lealtades mutuas. Ellos saben que mi lealtad con ellos es incondicional; pase lo que pase, hagan lo que hagan, yo estaré siempre a su lado para respaldarlos y ayudarlos.

¿Y ellos a tu lado?

¿Cómo puedo saberlo? Espero que cuando se dé vuelta la tortilla ellos me respondan, pero prefiero que eso nunca ocurra, ya te dije que no sé recibir. ¿No te da horror depender de otros, pedir ayuda, aun a los hijos?

No quiero ni pensarlo. El otro día mencionaste un episodio en la adolescencia de Nicolás: para no ir al colegio, se tomó unas pastillas tranquilizantes que había en la casa y casi se murió.

Eso ocurrió al poco tiempo que regresé después del infausto melodrama amoroso con el amante de España, en 1978. En mi ausencia los niños sufrieron mucho, Nicolás tuvo una serie de accidentes, como si buscara llamar la atención haciéndose daño. Una vez se lanzó al agua en un río y se partió la cabeza contra una roca, por poco se mata. Otra vez saltó de una torre en el colegio y se quebró un brazo. Cuando a Paula le sacaron dos muelas del juicio, le recetaron Valium para tranquilizarla. Nicolás vio que su hermana no iba al colegio y pensó que si él tomaba el medicamento también podría quedarse en casa. Se tragó una pastilla, nada sintió, se tomó otra, nada, y así hasta que vació el frasco. Estuvieron a punto de abrirle la cabeza pensando que tenía un hematoma cerebral, producto de alguna caída; por suerte dos días después Nicolás despertó y se recuperó rápidamente. No creo que intentara suicidarse, pero tal vez inconscientemente intentaba castigarme por haberlo abandonado. Ahora, de adultos, hemos hablado de eso tranquilamente. Cada vez que lo hacemos le doy cachetazos, por tonto.

No me olvido de que Nicolás lanzaba huevos con una honda desde su ventana contra el edificio vecino. En el calor de Caracas imagino que se convertían instantáneamente en tortillas. ¿Y dices que tus hijos nunca te dieron problemas?

(*A la defensiva.*) No la clase de problemas que agobian a otros padres: eran corteses, tranquilos, buenos estudiantes, independientes, cariñosos, alegres, amistosos. No tenían malas compañías, no se drogaban, jamás bebieron alcohol, ni siquiera fumaban.

Ya no quedan niños así. ¿Era Nicolás más apegado a ti que Paula la época en que te fuiste a España?

Era tres años menor y más vulnerable que Paula, pero creo que los dos eran igualmente apegados.

¿Cómo reaccionó Paula ante los mismos hechos?

Cuando me fui ella tomó una actitud de sargento: se echó encima la responsabilidad completa de la casa, la familia y su hermano. Además sacaba excelentes notas y tomó clases de francés y música, como si quisiera agotarse. Nuestra relación era algo tirante cuando regresé a su lado, como es lógico. Por años ninguno de mis hijos quiso hablar del tema. Cuando los dos iban ya a la universidad, un día nos sentamos a hablar en serio y lo revisamos enteramente.

¿Crees que el amor fue más fuerte que la desaprobación, si la hubo?, ¿que se empañó el contacto diario pero no se empañó el amor?

Después que Paula murió, Ernesto, su marido, me entregó una caja llena de cartas de amor que ambos habían intercambiado. Toma, me dijo, quiero que conozcas otro aspecto del carácter y la vida de tu hija. Durante un año, al comienzo de su relación, estuvieron separados porque ella estudiaba en Virginia y él tenía un trabajo en Madrid. Se escribieron todos los días, a veces dos y tres cartas en pocas horas, una correspondencia apasionada escrita en todas partes: buses, clases, salas de espera, la calle, la cama. Ernesto tuvo la increíble generosidad de compartir conmigo esa caja bendita. En las cartas, Paula no sólo se me revela como una mujer muy apasionada, sino que también cuenta su versión de la familia y del pasado. Le cuenta a Ernesto una infancia feliz y una relación conmigo tan maravillosa como la que yo tengo con mi madre. Ése fue el regalo más extraordinario que he recibido, el mayor consuelo en la época del duelo. Supe que yo había sido mejor madre de lo que yo misma sospechaba. Siempre cargué con la culpa de haber sacado a mis hijos de Chile contra su voluntad, de haberlos separado de sus abuelos, a quienes adoraban, de su casa, sus amigos, su colegio, su barrio, todo lo que les era familiar, y haberlos llevado a un des-

tino incierto. Y después los abandoné por un tiempo.
Me veía a mí misma como una mujer inestable, insatis-
fecha, fantasiosa; no era la madre típica. Cuando ellos
eran chicos yo andaba vestida de hippie y con un auto
pintado con flores; creo que mis hijos tenían horror de
esas extravagancias. Sin embargo, en las cartas a Ernesto, Paula recuerda aquello con una tremenda simpatía y
amor.

**Dices que tus hijos, por un lado, se divertían con tus
excentricidades y tu afición al circo, pero, por otro
lado, se sentían singularizados. ¿Cómo reconciliabas
la maternidad con el feminismo en tu juventud?**

No sé, a tropezones, supongo, improvisando, a veces
mal, a veces algo mejor. Nunca cuestioné la maternidad,
el feminismo no tuvo nada que ver con mi papel de madre. El feminismo cuestionó todo lo demás: la relación
con los hombres, con la sociedad, las leyes, la sexualidad, la moda, el trabajo, el dinero, etc., pero la maternidad fue para mí algo tan asumido y tan natural como
la respiración. Nunca me puse en el caso de no tener hijos y cuando nacieron algo fundamental cambió para
siempre dentro de mí: dejé de ser un individuo y pasé a
ser parte de un trío indivisible.

**¿No crees que tienes todavía alguna tendencia, en el
caso de los nietos, a tomar decisiones y sentirte la única responsable?**

Sí, pero estoy tratando eso en terapia y dentro de un
tiempo, digamos veinte o treinta años, me habré curado.
(*Se ríe.*)

¿Cómo lo manifiestas ahora?

Desde que Nicolás y Celia se divorciaron yo me siento como madre de los niños, pero no te preocupes, se me pasará. Eso les repito a menudo, a ver si se tranquilizan, pobre gente.

Afilaste la pluma escribiéndole a tu madre, a tus amigos, a los padres de tus amigos. Le escribes varias veces por semana a Pía Leiva en Chile, a quien no viste por casi veinte años cuando vivías en Venezuela. ¿Podrías vivir sin escribir una sola palabra?

Me cuesta imaginar la vida sin la palabra escrita y la amistad sin cartas. Me gusta el correo, la carta en su sobre con sellos postales. Nada hay comparable a esa carta viajada, escrita a mano, que llega a mi puerta. La abro y oigo con toda claridad la voz del remitente; puedo adivinar su estado de ánimo por la forma de la letra. Por eso con mi madre nos escribimos a la antigua y sólo recurrimos al fax y al *e-mail* para las emergencias. Hay algo privado, inviolable e íntimo en la carta que los medios modernos no tienen. La idea de que el tío Ramón puede leer el fax nos inhibe a mi madre y a mí. Ella tiene una expresión para describir esa prudencia: poner un centinela en los labios. Lo que más aprecio de ella es su lengua viperina, su ironía demoledora, su perverso sentido de la observación, sus chismes deliciosos. Con un centinela en los labios, mi madre se convierte en una bisabuela insípida.

Musas, ángeles y demonios

Hablas de la escritura como si fueras una médium.

Así me siento a menudo. Puedo controlar la forma, pero no el contenido. Empiezo a contar y no sé para dónde voy, los personajes se apoderan de la historia, a veces el libro termina de forma inesperada. Es como si la historia y los personajes existieran en otra dimensión y, por un golpe de suerte, yo sintonizara con ellos.

¿Como magia?

Me han sugerido que practique escritura automática —dejar que la mano corra en estado de trance—, pero aún no lo he intentado.

¿Te han hipnotizado?

Han tratado, pero no puedo relajarme y acabo hipnotizando al hipnotizador. (*Muy seria.*)

¿Hay algún escritor en tu familia? ¿No eran algunos de los Barros Moreira escritores?

Un bisabuelo escribía versos y mi tío Marcos escribió un libro en su juventud.

Que acabó guardado en el sótano porque tu abuelo lo había confiscado.

Digamos mejor que no se vendió y por eso fue a parar al sótano. Me han dicho que era un libro bastante bueno.

¿De qué trataba?

De su transformación espiritual en la India.

Veo que en tu familia hay inclinación al misticismo. El último parece ser tu hermano Juan, profesor de ciencias políticas, marxista y ateo, que se puso a estudiar teología.

Después de tres años explorando los misterios de Dios comprendió que no tenía pasta de predicador y ahora está de vuelta enseñando ciencias políticas. Es demasiado honesto para ignorar sus propias dudas. Mi hermano es un sabio y yo lo quiero mucho, pero a veces me dan ganas de sacudirlo a escobazos, a ver si se le pasan los escrúpulos, caramba. Es cierto lo que dices sobre el misticismo en mi familia. Mi tío Marcos ha dedicado su vida a la práctica espiritual. En su juventud fue a la India en busca de iluminación y regresó en los huesos, vestido de faquir y alimentándose de zanahorias; ahora tiene setenta años y es un gurú muy respetado. Mi abuela era espiritista y mi tía Teresa era santa, le salieron muñones de alas en los hombros. Mi madre es muy religiosa. Toda la familia de mi abuela, los Barros Moreira, eran un poco místicos, eso contribuyó a su fama de chiflados, supongo.

Dices que empiezas a escribir sin plan rígido, excepto en *De amor y de sombra* que fue un acto consciente de denuncia. ¿Tuviste acaso un autor que te influenció más que otros?

En mi vida me han influenciado las feministas europeas y norteamericanas, que definieron mi personalidad, pero en la literatura fueron casi todos nombres masculinos. Gabriel García Márquez me dio la libertad para dejar volar la imaginación; José Donoso, para hurgar entre los secretos de familia; Mario Vargas Llosa, para usar los trucos del periodismo; Pablo Neruda, para describir el paisaje y explorar el mundo de los sentidos; otros grandes autores latinoamericanos, como Ernesto Sábato, Julio Cortázar, Jorge Luis Borges, Juan Rulfo, Carlos Fuentes, Octavio Paz, pavimentaron mi camino. Las lecturas de mi infancia me marcaron también: los dos hermanos Salgari, Verne, London, Stevenson, Defoe, Wilde, Shaw, Twain y muchos otros. Ellos me dieron el gusto por el drama, los personajes fuertes, la aventura, los argumentos contundentes; detesto la literatura minimalista. Y luego Shakespeare, que leí a los nueve años por la misma razón que otra gente ve telenovelas: para curiosear en las vidas ajenas.

¿Y la sensualidad?

Me la dieron en la adolescencia las lecturas clandestinas de *Las mil y una noches* y otros libros similares. Más tarde la busqué en Neruda, el poeta de los sentidos. Nadie como él para describir un aroma, un color, un sonido.

Si Neruda fue tu poeta de los sentidos, ¿qué le debes a Gabriela Mistral?

Poco sabía de su obra, porque no me eduqué en Chile y no la leí en mi juventud. Pero me sucedió algo curioso en Cuba, donde me pidieron que grabara un disco con sus versos. Debí ensayar por varios días, leyendo en voz alta una y otra vez… A medida que leía iba sintiendo el tremendo peso de Gabriela Mistral. Se borraron los *piececitos de niño azulosos de frío, por qué no os cubren Dios mío* y otras pequeñas cursilerías, y entró como un ventarrón en mi vida su extraordinaria voz espiritual. Era una mujer sombría… se me reveló.

Si sales de su poesía y entras en su literatura epistolar y los artículos periodísticos, que son infinitos, verás que se difunde en el mundo entero. La vida de gitana que has llevado, tu estancia en tantos lugares, y tu interés por lo social te acerca a Gabriela Mistral.

Volviendo a las influencias literarias, debo reconocer a los escritores rusos, que leí con pasión: Dostoievski, Tolstoi, Chejov, así como la ciencia ficción. Hay un aspecto filosófico de la buena ciencia ficción que me atraía mucho; esas especulaciones sobre el tiempo, similares a las de Borges, por ejemplo.

Curiosamente, la ciencia ficción y el realismo mágico tienen muchos elementos en común; el doble, el viaje en el espacio, las vidas paralelas, la transmutación de un hombre a otro ser, el *axolot* de Cortázar… pero la diferencia es que el realismo mágico entra a veces en lo metafísico, cuestiona el tiempo con modulaciones que

pueden ser líricas. ¿Juegas con el tiempo en alguna obra?

No. Salvo en esa forma circular de narrar en que a menudo me veo atrapada. Siento que todo ocurre simultáneamente, o todo se repite inexorablemente. No es un recurso literario. En la vida real tengo esa misma sensación: que el tiempo de los calendarios y los relojes es una convención para entender la realidad, pero que no hay pasado, presente ni futuro, todo ya existe, eternamente. Todo lo que pasó, lo que pasará, sucede en este momento, es parte de la realidad. En la literatura, la memoria y la palabra obran el milagro de borrar esa convención del tiempo.

En *Paula*, a raíz del dolor por la muerte de tu hija, detienes el tiempo; planteas el relato en una suerte de tiempo sostenido, como si fuera un mito, una acción que se repite dentro de sí misma. Usaste ese recurso también en el cuento «Walimai».

Y creo que también en *La casa de los espíritus*.

¿En qué parte?

Cuando muere Clara. También después que Alba sufre la tortura y, cuando cree que está muriendo, aparece el fantasma de su abuela, la recoge en sus brazos y le dice que la gracia no es morirse, la gracia es vivir.

Y también cuando muere Férula. En esos momentos postulas algo metafísico, borgeano, pero en tu obra el fenómeno aparece siempre unido a un amor: amor de

madre, amor entre un hombre y una mujer, amor de hermanas.

El amor —y a veces el dolor— nos permite traspasar el velo que separa lo aparentemente real de lo espiritual y conectarnos con otras dimensiones. Es claro en mi relación con Paula. Nuestra comunicación es permanente, profunda, como si ella viviera en mí y yo muriera en ella. Sin embargo, no espero ver su fantasma en la escalera, como dicen algunos que la ven aparecer en mi casa.

Tú sabes que anoche dormí en el cuarto donde murió Paula. Me desperté a medianoche con un aroma delicioso de flores frescas, jazmines, tal vez.

Eran sus flores preferidas. Puede ser que el aroma subiera del jardín.

No es tiempo de jazmines.

No me siento separada de los muertos queridos. Mi abuela murió hace casi cincuenta años, pero sigue siendo una presencia real para mí. Tengo su fotografía sobre mi mesa de trabajo, la miro a los ojos y siento la conexión, tal como la siento con mi abuelo, mi suegra, Paulita y otros. Si tengo dudas espirituales, pienso en mi abuela. Si debo enfrentar un nuevo esfuerzo, viene mi abuelo a darme ánimo; si se trata de resolver una situación familiar, es siempre el fantasma de la madre de Miguel, la Granny.

Paula, aún niña, acabó cuidándola a ella. El gesto de ocultar las botellas vacías, para evitarle la humillación

de que los demás supieran que bebía a escondidas, dice más sobre Paula que todas las palabras.

La Granny era un ángel perdido en este mundo. Cuando le pregunto a su fantasma qué debo hacer, me parece ver sus ojos celestes y su sonrisa, me abre los brazos y aprueba todo, no juzga, no condena. Si se trata de un problema de trabajo, de creatividad, de organización, de carácter, viene Paula a mi socorro, porque eso es lo que ella hizo en vida. Yo tomaba el teléfono y ella tenía siempre un ángulo original; era psicóloga y profesora. Su respuesta favorita a mis preguntas prácticas era: «¿Qué es lo más generoso que puedes hacer en este caso, mamá?»

¿Vivía la Granny cuando te separaste de Miguel?

No. Murió el mismo día en que decidimos separarnos la primera vez. Después volvimos a juntarnos y vivimos juntos nueve años más.

Hablas a veces de tus «demonios», ¿a qué te refieres?

Obsesiones que todos tenemos y que, inevitablemente, viven en las páginas que escribo. A veces me refiero concretamente al demonio de mi infancia, acuérdate que cuando yo era niña todavía la Iglesia católica predicaba sobre el Diablo. Las monjas me aterrorizaban con las torturas del infierno, pero ya nadie habla de esas cosas. Ahora Satanás ha pasado definitivamente de moda. También han cambiado los ritos, se acabaron los latinazgos y los atavíos obispales, los curas andan en *bluyines* y las monjas se pintan los labios; en cierta forma lo lamento, porque si nos quitan los pintorescos demonios y las ceremonias faraónicas, disminuirán los escritores. Nada mejor que una infancia poblada de terrores para fustigar la imaginación.

Tu familia era católica, pero has dicho que a los quince años dejaste la religión para siempre. Imagino que no fue una decisión fácil.

Fue inevitable, pero eso no ha impedido que con los años desarrolle mi propia práctica espiritual. Mi abuelo tenía lo que él llamaba «la fe del çarbonero», es decir, practicaba la religión sin hacer preguntas que pudieran debilitar sus creencias. Pero también acomodaba la religión según sus necesidades: comulgaba todos los domingos, pero jamás se confesaba porque no confiaba en los curas; creía en milagros, pero se burlaba de los santos y decía que no había que leer la Biblia porque uno terminaba ateo. Sin embargo, los dos libros que lo acompañaron en los últimos años de su larga vejez fueron la Biblia y la Enciclopedia Británica.

Se han señalado a menudo los componentes espirituales de tu obra. Aparte del catolicismo, ¿hay otra religión que te atrae?

El catolicismo no me atrae y tampoco otras religiones. He descubierto que mientras más dioses tiene una religión, más tolerante es. Los peores crímenes contra la humanidad se han cometido en nombre de un dios único. El budismo sería atractivo si no fuera tan machista como todas las otras religiones tradicionales.

En América Latina han surgido con fuerza avasalladora los movimientos pentecostales y carismáticos.

Que ofrecen la experiencia directa de lo divino: el trance. Por la misma razón en Brasil el candomblé, la macumba y el umbanda, religiones africanas llevadas por los diez millones de esclavos negros que llegaron a ese país, han salido de los barrios pobres para entrar en la clase media blanca de las grandes ciudades. Estas religiones se saltan la burocracia y permiten a los fieles sentir a la divinidad en el cuerpo. Esa experiencia aterra a los jerarcas de las iglesias tradicionales, que fomentan el fanatismo, pero detestan a los místicos, porque no pueden controlarlos. En Brasil hablé de esto con Leonardo Boff, uno de los fundadores de la Teología de la Liberación. Me definió el candomblé como un eco de la inmensa palabra de Dios. Dios tiene mil rostros y nadie posee el monopolio de su gracia. La cultura judeocristiana es víctima del mito tribalista del pueblo escogido, mito que excluye a todos los demás. El candomblé, y en cierta forma también los pentecostales, sostienen que el soplo divino está en todas partes, nadie lo posee ni interpreta, no hay intermediarios, no se habla *de* Dios, sino *con* Dios. Son movimientos vivos, mínimamente estructurados. La religión no se predica ni se explica, se practica. Mientras los teólogos crean teorías, esta gente cae en trance.

¿Has experimentado el trance del que hablas?

No, el trance es una experiencia que envidio. Pero debo aclararte que no me identifico con el candomblé o religiones similares de corte más bien fatalista en las que todo lo que sucede es por voluntad de algún dios, y nada puede cambiarse. Me siento más cerca de la Teología de la Liberación, que intenta alcanzar la justicia. Cristo está por los pobres: es revolucionario.

¿Te han cambiado espiritualmente tus experiencias en la India?

Sin duda hay un componente espiritual que distingue esos viajes entre todos los demás que he hecho. En lugares como la India o Nepal, mis convicciones tambalean porque las leyes de la lógica no funcionan y una está obligada a revisar creencias y hábitos. El trabajo, la puntualidad, la eficiencia, el orden, todo eso deja de ser prioritario y se entra en contacto con el silencio interior, el respeto por la naturaleza, la aceptación de los demás sin emitir juicios y el agradecimiento callado por lo que se tiene, sin desear nada más. Se aprende que la paz es lo más parecido que hay a la felicidad. En Nepal me senté en el mercado a conversar con una vieja que hacía collares, con cuentecitas de vidrio pintado. En un lenguaje de signos, nos contamos la vida, nos mostramos cicatrices: ella la de múltiples caídas y cortaduras, yo la de una cesárea, y nos reímos abrazadas. En otros tiempos y en otro lugar, yo hubiera tomado notas para escribir un cuento o un artículo —todo hay que aprovecharlo— pero en ese mercado de Katmandú lo único importante era el profundo sentimiento de hermandad con aquella mujer.

En tus viajes encuentras musas, ángeles y demonios que después aparecen en tus páginas. La India te ha marcado. Yo no sé si podría soportar el espectáculo de tanta miseria sin sentirme culpable e intentar remediarla a mi manera.

El noventa por ciento de la humanidad vive en la pobreza. Nosotros somos un puñado de privilegiados que consumimos la mayor parte de los recursos naturales. En la India todo sucede en la calle, no existe el concepto de privacidad. En la calle nacen, se reproducen, comercian, agonizan y mueren millones de seres humanos. Los ciclos naturales de la vida y de la muerte están expuestos ante los ojos de quien quiera mirar... En la India la mano de obra es tan barata que una familia de clase media cuenta con una docena de empleados y los ricos con un centenar. En los hoteles hay más servidores que clientes. Todo se hace a mano, igual que hace dos mil años, desde la agricultura, donde aún se ara la tierra con azadón y un búfalo, hasta la administración pública, donde aún usan papel carbón y tres copias en vez de computadoras. Y así debe ser, porque cerca de mil millones de habitantes necesitan trabajar, aunque sea en empleos mínimos. Es inevitable la comparación. ¿Cómo habría sido mi destino si hubiera nacido allí? Los contrastes son dolorosos, pero esa mezcla de sufrimiento, resignación, alegría natural y belleza es muy estimulante para la inspiración.

Escribiendo para el mundo

—Mai, cuéntame un cuento.

Mai es la forma cariñosa que inventó Alejandro cuando aprendió a hablar para dirigirse a Isabel. Ahora tiene seis años y vive en California.

—¿Quieres un cuento de piratas?

—No, de Santa Claus.

—Había una vez —empieza la abuela joven y de buen ver— un viejo horroroso, con cuernos y cara de diablo que espiaba por las ventanas en la noche a los niños de la casa y si eran pobres no les traía regalos, sólo a los niños ricos...

Lo ha dicho todo de un solo hilo, sin tomar aliento para respirar. Alejandro se queda entre perplejo y divertido. Esperaba oír la historia de un anciano jovial y bonachón que se desliza por la nieve en su trineo tirado por nueve ciervos con *Rudolph*, el de nariz colorada, a la cabeza, haciendo sonar cascabeles. Sin advertirlo, su abuela le está contando la historia de una leyenda popular polaca, donde el *alter ego* de San Nicolás es una figura diablesca a veces conocida por Krupus.

Pero Mai no es una abuela común. Sus tres nietos ya saben que a ella le gusta cambiarlo todo. Los cuentos de Mai no se parecen a los cuentos que les leen en la escuela, pero son más divertidos. Esta abuela siempre sale con algo distinto y no se opone a que los niños incorporen sus propias versiones a los relatos familiares. Aunque es escritora leída sin sonrojos por distintas generaciones de una misma familia, eso no quita que diferentes grupos religiosos o muy conservadores hayan querido prohibir algunos libros suyos por obscenos.

Esta moderna Scherezade se ha inventado a sí misma contando historias, apartándose del conformismo y de las tradiciones falsas. Contando cuentos se ha salvado de la pobreza, del tedio y del dolor más grande que le dio la vida: la muerte de su hija Paula.

¿Identifica el espectador medio la película de Meryl Streep y Jeremy Irons con las figuras de Clara y Esteban Trueba de *La casa de los espíritus*? ¿Sabe la gente que Wynnona Ryder, Blanca en la película, supuestamente hace el papel de Isabel Allende en la vida real?

Isabel se ha convertido en una leyenda. Sus libros se venden en todos los países de Occidente, incluso circulan traducciones en China, Vietnam, Corea. También la leen en Rusia, donde consideran que su obra es patrimonio de la humanidad, así que la autora no recibe regalías de los países que estuvieron detrás de la Cortina de Hierro.

Se interesa por la educación; ha creado la Fundación Isabel Allende para promover las causas de los oprimidos, mujeres, madres solteras, niños abandonados. Ya sea por causas educativas o por causas sociales cuando aparece Isabel Allende a dar una charla, los salones están llenos. Un público nutrido la espera ansioso. En ciertos casos, sus lectores recorren más de trescientos kilómetros para verla en persona. Algunos creen que en Estados Unidos la leen principalmente los lectores de origen hispano, sin embargo, puede observarse que tiene el mismo éxito entre el público sajón. ¿Quiénes la leen en Estados Unidos? La leen los estudiantes universitarios por decisión de los profesores, por resolución del currículum universitario que presta atención a la literatura contemporánea de Latinoamérica. La leen los agentes de viajes, los rectores o vicerrectores de universidades, las damas que participan en los clubes de beneficencia, la leen las camareras de restaurantes, los viajeros de comercio, los intelectuales, y los que quieren aficionarse a un libro entretenido para hacer más llevaderas las horas en un largo viaje. En definitiva a Isabel Allende la lee tanto el lector culto, erudito y exigente como la persona que anhela pasar unas horas de entretenimiento y evasión de la realidad.

Si usted llega a México al caminar por las calles verá las portadas de los libros de Isabel en la avenida Insurgentes; si llega a Buenos Aires, los verá en las librerías de la calle Florida; si se encuentra en Madrid se asoman en la Gran Vía; en Francia, Italia, Alemania, Portugal, se despliegan los libros de Isabel Allende. Las portadas varían por edición y por lengua, unas hechas por grandes artistas, y otras por artistas desconocidos. La autora misma ha perdido el rastro de las tapas de sus libros. Solamente se sabe que en Alemania, en los últimos años se pueden contar cerca de tres millones de ejemplares de *La casa de los espíritus*. En total, se calcula que los libros de Isabel Allende han superado los treinta millones de ejemplares, sin contar las ediciones piratas que aparecen en muchos países, no sólo en los de régimen comunista, sino también en el metro de Francfort, en las plazas de Italia y en las calles de Chile. En lo que va del año en curso, 1998, desde la publicación de *Afrodita* en octubre pasado, solamente en Italia se vendieron 220.000 ejemplares en 9 días durante el mes de enero. No sólo el mundo occidental, el mundo entero lee a Isabel Allende.

Los críticos a veces se quedan perplejos, particularmente los críticos chilenos, compatriotas de Isabel, por el éxito de una autora que según algunos de ellos es un epígono de García Márquez, o simplemente una escritora de segunda, cuando chilenos bien conocidos en el extranjero o dentro del país no han recibido el mismo reconocimiento internacional. «Nadie es profeta en su tierra», dice Isabel cuando se lo menciono. Algunos la leen para criticarla; otros la leen para disfrutarla; y ella solamente recibe cartas de amor, como dice con ese humor que caracteriza su obra, de modo que no se entera de quiénes no la quieren. Solamente se molestan en escribirle los que la quieren bien.

Una oficina encargada de manejar las relaciones con los lectores de Isabel Allende y de enviar las respuestas que ella contesta personalmente a mano, archiva los artículos que se publican en todo el mundo sobre sus libros. Estos artículos son de dos orígenes: periodísticos y académicos. Los académicos no siempre la favorecen y los periodísticos van desde el panegírico y el elogio efusivo hasta la denuncia de elementos excesivamente sentimentales en su obra. Todo se da en la crítica: desde considerarla lindante con la novela rosa y abarrotada de elementos fantásticos acumulados en desorden, autora de literatura cercana a la telenovela, hasta aplaudir su obra por su fuerza, su fantasía, su variedad temática, los elementos políticos, la denuncia social, el amor y el humor insobornable.

Se escriben tesis de licenciatura y de doctorado sobre su trabajo no sólo en Estados Unidos, sino también en Canadá, toda Europa y Latinoamérica. Centenares de estudios especializados sobre Isabel Allende se registran en las bibliotecas de las universidades norteamericanas. Entre marzo y junio del año 1997, seis nuevos estudios actualizados sobre la obra de Isabel Allende se añadieron a la bibliografía existente en la Universidad de Stanford en California. La prestigiosa Universidad de Yale en el Este de Estados Unidos cuenta con una tesis sobre el feminismo en las novelas de Isabel, dirigida por el célebre hispanista Manuel Durán. La Universidad de McGill en Canadá ha aprobado una tesis sobre el lenguaje novelístico de la autora chilena y la Universidad de Perpignan en Francia le ha dedicado un estudio crítico, resultado de la colaboración de varios críticos destacados en el campo de los estudios de la literatura hispanoamericana. En los comienzos de su carrera novelística, Isabel escribe con buen humor respecto a la seriedad de los estudios críticos universitarios: «... como la mayor parte de los seres normales yo tampoco había leído crítica y no sospechaba que los libros se analizan en las universidades con la misma seriedad que se estudian los astros en el firmamento».

Isabel, que jamás estudió literatura y no es de las que participa en tertulias o talleres literarios, reconoce que descubrió la estructura de *Eva Luna* después de leer a sus críticos. En una fiesta que le ofreció su agente literaria, Carmen Balcells, en Barcelona, después de la publicación de *La casa de los espíritus*, se vio por primera vez frente a frente con un crítico literario: «Aún recuerdo la pregunta inicial en la entrevista que me hizo el más renombrado crítico del momento: "¿Puede explicar la estructura cíclica de su novela?" Debí mirar con expresión bovina porque no sabía de qué diablos me hablaba, y lo único cíclico en mi repertorio eran la luna y la menstruación.»

Isabel es objeto de la atención mundial más variada y a veces más contradictoria. ¿Cuáles son los elementos que predominan en esta obra de atracción universal? ¿Por qué culturas tan ajenas como la sajona, la escandinava o la latina comparten la misma pasión por leerla? ¿Por qué los norteamericanos que han establecido un sistema de valores muy diferente a los españoles o italianos la leen apasionadamente? ¿Cómo salta por encima de barreras y códigos culturales? Éstas son preguntas que piden una aproximación a la raíz de la obra de Isabel Allende. Uno de los rasgos más sobresalientes de su personalidad y de su obra es su sentido del humor, sentido del humor chileno, diría yo, nada estentóreo, que se basa en el absurdo en tono bajo. Nos recuerda a Julio Cortázar en sus lúdicas humoradas.

El sentido del humor de Isabel Allende predomina en su obra narrativa como elemento decisivo para equilibrar las fuerzas de la tragedia y dispersar las sensaciones de lo amenazante y taciturno. Humaniza y normaliza las situaciones a través del humor. Es difícil pensar que cuando aparece en persona esta mujer pequeñita, atrayente, que no aparenta su verdadera edad pueda mover a un público de la risa a las lágrimas. En una situación social, en cambio, por lo general permanece callada o retraída. Ella misma ha dicho que en su niñez y juventud se escondía detrás de un libro para no tener que interactuar y permanecer aislada. Desde su época en la escuela primaria de las monjas ursulinas hasta cuando aparece glamorosamente en la televisión chilena, Isabel, parece marcar el paso de dos personalidades definidas: la personalidad pública, la periodista, la entrevistadora en un programa de televisión, y otra, diferente, la mujer privada.

Si de niña se escondía detrás de un libro, podemos también imaginar que por su tamaño y sus finas facciones en su clase debía parecer una niñita perdida que se equivocó de grado. Hay fotografías de esta época que atestiguan su seriedad. «Podía ser muy seria —afirma Cecilia Viel, su amiga chilena de la infancia—, pero también era graciosa y ocurrente.» Isabel es como sus libros: risa, lágrimas, meditación, amor, turbulencia.

Los lectores y los estudiantes la llaman familiarmente Isabel, le escriben, la telefonean, le mandan sus trabajos y se consideran sus amigos. Cuando da conferencias en las universidades norteamericanas concede autógrafos de muy buen grado, hasta el punto de que a veces pasa horas escribiendo dedicatorias con el dibujo de la flor del nomeolvides, su marca personal, hecha de un solo trazo. Sus lectores no son de un solo libro suyo sino de muchos, ella se siente agradecida porque piden su firma, compran sus libros y como dice ella misma con asombro: «y todavía me leen… ¿hasta cuándo les irá a durar la fidelidad?». Ver a un autor dedicar libros a personas que llegan en sillas de ruedas o con una bomba de oxígeno a la espalda no es caso frecuente. Con una pila de libros en los brazos aguardan pacientemente en cola sus admiradores. Muchos le traen regalos, cartas, poemas. Isabel, enredada en su chal con flecos, se toma su tiempo: tarda más de la cuenta hablando con una ciega (sus libros también están en Braille y en grabaciones) y a quien pide atención especial, se la dispensa como si fuera su único amigo en el mundo, mientras se van apagando las luces de la sala y el personal administrativo, desesperado, mira el reloj suspirando.

Cuando Isabel Allende terminó de escribir *Afrodita* nadie sospechó el tremendo impacto que este libro tendría, ni siquiera la misma autora. *Afrodita* tomó el mundo por asalto. La fecunda imaginación de Isabel que había campeado en sus libros anteriores y una exultante sensualidad nerudiana, presente en los amores más felices de sus personajes, se unieron en medidas exactas para lograr una receta explosiva. «*Those twin virtues shine brilliantly in her new book, a lusty almost bawdy paean to the senses that turns her vision both inward and outward and secures her status not only as a regional but also a universal author*», escribe Fred Tasker para *The Herald* de Miami el 22 de mayo de 1998. Para esa fecha ya se sabía que más de un millón de ejemplares de *Afrodita* se habían vendido en español, portugués e italiano. En Italia, solamente en enero se vendieron un cuarto de millón de ejemplares en menos de tres semanas. En Chile, el editor de Plaza & Janés declaró que ningún libro anterior de Isabel Allende se había vendido tan rápidamente como *Afrodita* en el primer mes de publicación. Todos los artículos y reseñas coinciden en presentar la nueva obra de Isabel Allende como una exquisita revelación de los sentidos en celebración de la vida. En este libro Isabel dispensa sabiduría de siglos, pero no se toma demasiado en serio a sí misma. Es precisamente esa gracia para desacralizar mitos riéndose a la par de la solemnidad que su función implica, lo que torna irresistible su mensaje de erotismo y gastronomía. Lo cierto es que Isabel ha vuelto al humor de los años setenta cuando escribía para la revista chilena *Paula*.

El 9 de abril de este año la vi actuar en el Herbst Theatre de San Francisco, ante un público apretado que llenaba el salón hasta los palcos más altos y arriba en el gallinero. El teatro está al lado del de la Ópera y allí se dan cita los autores más destacados de todo el país para encontrarse con sus lectores. La vitalidad de Isabel Allende y su humor irrefrenable mantuvieron al auditorio desternillándose de la risa, mientras irrumpía en espontáneo aplauso a cada chuscada de Isabel. Con *Afrodita* ha conquistado a la ciudad de San Francisco y a todo el mundo. Francisco López Villarejo resume sus elogiosas meditaciones sobre *Afrodita* diciendo así: «Desde la contrapartida de este bellísimo libro, la autora lanza bien claro su pensamiento ético, su proclama por la alegría de vivir, por la vida al fin, que si es alegre, gozadora es cuando verdaderamente es vida.» Huelva, *Información*, 1 de enero de 1998. Aparte de enseñarnos el camino de la buena comida y del buen amor, en cierto modo, *Afrodita* nos ha dado permiso para deleitarnos con los placeres de la vida y ser felices.

El éxito

¿Cómo reaccionaste al convertirte en una persona famosa? Para alguien cuya aspiración era casarse y tener hijos, una mujer trabajadora, cuya gran amiga es su madre, con los pies en la tierra, debe ser difícil aceptar la fama que le cae encima de repente.

No me cayó de repente, Celia, fue de a poco. No supe del impacto de *La casa de los espíritus* hasta varios años después. Vivía en Venezuela, donde nadie hablaba del libro, que se publicó en Europa. Tardó varios años en publicarse en América Latina y tuvo muy poco eco en Venezuela. Empecé a recibir invitaciones de Estados Unidos y ya había ido varias veces a Europa en viajes de promoción antes de tener el más mínimo reconocimiento en mi propio terreno.

¿El foco instantáneo fue Europa y de ahí pasó a Estados Unidos?

De Europa pasó lentamente a América Latina, luego se publicó en Estados Unidos. Pero en los departamentos de español de las universidades norteamericanas ya se hablaba del libro, por eso me invitaban.

Sin que lo supieran en Venezuela, Chile, Argentina o México ya te leían en alemán y en sueco. Así se explica que tus detractores te llamaran escritora marginal y transgresora. (*Isabel se ríe con gusto y sigue hablando como si no hubiera oído nada.*)

Mi relación con mis editores europeos es muy fiel, ha durado más que la mayoría de los matrimonios.

¿Cuándo salió en inglés?

Cuatro años después.

Yo pensé que había sido casi instantánea.

Magda Bogin hizo la traducción para la editorial Knopff. Todos los demás libros los ha traducido Margaret Sayers Peden.

¿Crees que la traducción al inglés fue decisiva?

El éxito en Europa fue lo más determinante, eso abrió las puertas de Estados Unidos. Pero nada de eso percibía yo desde mi casa en Caracas. Nadie me conocía o me pedía que le firmara un libro, eso me ocurrió mucho después, cuando ya había publicado *De amor y de sombra* y estaba a punto de embarcarme con *Eva Luna*. Una vez vi a un hombre con una de mis novelas bajo el brazo y salí corriendo a decirle «¡ese libro es mío!». «No —replicó—, es mío, yo lo compré.» «¿Quiere que se lo firme?», insistí. «No» dijo, bastante enojado.

¿Tenías dos libros publicados en varios idiomas y seguías trabajando doce horas diarias en un colegio?

Sí.

(*No le sorprende mi asombro*.) Supongo que seguías escribiendo de noche antes de dormirte.

No me atrevía a dejar un trabajo seguro por perseguir una aventura literaria; no me sentía escritora, creía que había tenido la suerte inmensa de dar en el blanco un par de veces, pero que eso no se repetiría. Recuerda que yo era una inmigrante, la seguridad era importante para nuestra familia. Había llegado a Venezuela en 1975 sin nada, ni amigos, ni documentos, ni trabajo, ni dinero. Un empleo seguro era fundamental para mí. En el colegio había invertido mucha vida, había adquirido acciones, era mi futuro.

¿Cómo reaccionas ante la multitud de seres conocidos y desconocidos que te leen en todo el mundo? ¿Te preocupan sus opiniones?

La gente que se me acerca o me escribe normalmente aprueba mi trabajo, pero debe de haber muchos que detestan mis libros y no se dan el trabajo de decírmelo. Cuando me llegan esas cartas maravillosas y aduladoras que tú has visto, siempre tengo en mente a los otros, que opinan diferente. Pero ¿cómo no emocionarme con los lectores generosos que me escriben? Algunos me cuentan sus vidas, comparten conmigo su intimidad, sus memorias, sus dolores.

Cuando te conocí no eras así. Te espiritualizaste después de la muerte de Paula. Has adquirido un poder especial, produces una sensación benéfica en la gente… Pareces llevar un aire de sosiego, de equilibrio interno, aun en situaciones que nos ponen a prueba. ¿Es resignación? ¿Fatalismo?

Según los budistas el nacimiento y la muerte están inscritos en el Libro del Destino. Mi abuelo lo decía a su manera: es inútil correr dentro del tren. Nuestro camino está trazado, tiene su dirección y velocidad, no podemos apurarlo. Aunque corramos dentro del tren, llegaremos exactamente a la misma hora y al mismo lugar.

Hablemos de la adulación. Las celebridades suelen volverse un poco paranoicas, empiezan a pensar que las llaman y las buscan sólo para aprovecharse de ellas. Escapan o se encierran porque ven que la gente se les pega, las persigue. ¿Cómo no te has vuelto cautelosa? ¿Cómo distingues adulación del cumplido sincero?

Me encantan los cumplidos, pero mi familia no deja que se me suban los humos a la cabeza. Apenas me pongo presumida me dan un tirón y aterrizo de narices. Mis nietos son implacables. Willie y mis asistentes me ayudan a proteger la privacidad. Mi oficina es como un biombo que me aísla. Te confieso que en cierta medida también me he puesto un poco paranoica, porque recibo incontables peticiones: dinero, libros, influencias, que escriba prólogos, sirva de jurado, hable, escriba, etc. Hay desconocidos que se ponen furiosos porque no los ayudo a comprar un taxi o porque no tengo tiempo para editar el manuscrito de seiscientas páginas de su anciana madre, que en paz descanse. Respondo negativamente un noventa y cinco por ciento de las invitaciones y paso el resto por un filtro. Respecto a las peticiones, reparto una parte de mis ingresos en ayudar a otros, pero lo tengo organizado: educación, temas de la mujer, sida. En política no participo activamente. El resto de la correspondencia que me llega es de lectores benevolentes que compensan todo lo demás. Contesto esas cartas con gran emoción, agradecida de la suerte inmensa de que mis libros hayan tocado otras vidas.

No todos los escritores reaccionan de la misma manera. Considerarían contestar cartas a mano como una pérdida de tiempo, o una simple estupidez.

Así me dicen… pero yo no puedo dejar de hacerlo.

Las cartas que me llegan son conmovedoras, entusiastas, a veces íntimas, como si nos conociéramos de toda la vida. ¿Podría dejarlas sin respuesta?

Con el nivel de ventas y la vasta distribución de tus libros no tienes necesidad de pasar horas firmando en una librería, por ejemplo.

No firmo para vender libros, sino para estar en contacto con los lectores. Algunos esperan en una cola durante horas para una firma —yo al menos estoy sentada— y traen pilas de libros muy usados.

Tus conferencias se dilatan con la firma de los libros. He comprobado que algunos de tus lectores dedican un par de horas para ir a verte. El colmo fue en Puerto Rico. Se suponía que ibas a firmar de tres a cuatro y media, pero era sábado, se corrió la voz en el centro comercial donde estaba la librería y la cola siguió creciendo hasta invadir el estacionamiento.

A las seis yo tenía la mano acalambrada, me trajeron un balde de agua caliente con sal para remojarla durante un rato, y seguí firmando hasta las ocho y media de la noche. Al final mi nombre parecía una garrapata aplastada.

En tus libros estableces contacto personal con cada lector, creas un espacio cerrado, íntimo, de amistad. Quizá por eso cuando apareces en persona das esa misma impresión de intimidad y la gente después quiere volver a verte una y otra vez. Es curioso que dure tanto el entusiasmo. Debutaste en 1982 con tu primera novela y si-

gues de moda. Por la misma época hizo furor Julio Iglesias y ya casi nadie lo escucha. Estados Unidos es un país
de modas. Piensa, ¿cuánto dura una moda en este país?

¿Quién te dijo que ya nadie escucha a Julio Iglesias?
Todavía hay señoras que se desmayan con sus quejidos.
La moda de mis libros en Estados Unidos es reciente. El
impacto mayor ha sido en Europa y América Latina. Mis
libros se venden bien y siguen editándose por años en
Estados Unidos, pero se puede decir que aquí el éxito
verdadero empezó con *Paula*.

Sé que la mayoría de tus conferencias son en Estados
Unidos. En 1985 un grupo pequeño de lectores universitarios habíamos leído *La casa de los espíritus y De amor y
de sombra* y tratamos de localizarte para que vinieras a
California. Cuando finalmente lo hiciste, en 1987, te
quedaste para siempre. Encontraste a tu gran amor.

El amor nos vuelve inocentes, como decía Violeta
Parra… Pero en este caso fue más bien lujuria. (*Se ríe.*)

En 1993 empiezas a publicar con Harper & Collins.
Esta etapa marca tu incorporación definitiva a la lista
de escritores latinoamericanos radicados en Estados
Unidos. Un caso poco común. ¿Con qué libro te inicias
en esa editorial?

Con *El plan infinito*, que ya había sido publicado en
España un año antes. Cuando salió la traducción en Estados Unidos, Paula había muerto hacía poco y tuve que
salir en gira de promoción.

Lo más desconcertante para una mujer de acción es la
parálisis y la confusión causadas por el dolor.

Es cierto, me sentía dentro de una armadura que me separaba del mundo, pero seguí trabajando como un autómata y creo que eso me ayudó mucho. Tuve que recorrer dieciocho ciudades de Estados Unidos arrastrando una maleta y el alma. (*Le cae un velo de tristeza.*)

¿Cómo te acogían? ¿Sabía la gente tu tragedia? Cuéntame de aquellos días.

Siempre se llenaba el local y el público era muy entusiasta, aunque la mayoría no sabía que mi hija acababa de morir.

¿Mitigaban tu dolor la atención y el aplauso de todos esos desconocidos?

Claro que sí. Había una energía vigorizante que era como una corriente de optimismo y a veces de humor. Pero después debía regresar sola a un cuarto de hotel o a un avión y entonces me golpeaba la tristeza como un garrotazo.

¿Piensas que tienes un público bien informado?

Quienes acuden a la charla de un escritor normalmente saben algo de su obra, si no no irían. Digamos que en general me toca un público paciente… y cautivo. Están atrapados en sus sillas, pobrecitos, ¿quién se atreve a escapar de la sala bajo la mirada ofendida del conferencista? Pero no perdamos la perspectiva; el hecho de que se llene una sala no significa que tenga el mundo a mis pies, sino que todavía hay lectores en este mundo y gente con ganas de oír una historia. «Había una vez…»

¡Ah, el insaciable apetito de cuentos que tenemos los seres humanos!

¿Cuánto crees que durará tu fama, tus *best-sellers*?

¿Quién puede saberlo? Según las cartas del Tarot de mi madre, hace rato que mis libros debían estar enterrados en el olvido. No pienso en eso, porque me muero de susto. Un día dejarán de venderse mis libros y seré una anciana anónima. He tenido éxito, dolores, amores, viajes, imaginaciones... En honor a la verdad, he vivido como cuatro vidas.

Tu agente, Carmen Balcells, divide tu carrera entre lo que fuiste hasta *Paula* y lo que vendrá. Dice que los seis libros escritos son un bloque y que después de *Paula* empezarás una nueva etapa.

Carmen no pierde las esperanzas de que yo madure y florezca. Lleva quince años esperando.

Hablemos de escritoras nuevas. Me has iniciado en la lectura de varias escritoras a quienes les has dado —y les sigues dando— un espaldarazo. No todos los escritores lo hacen. En la literatura hay muchas rivalidades, celos y envidia, codazos, zancadillas... es un gremio bastante mezquino. Parece que se debiera pisotear a otros para subir.

Hay espacio de sobra para todos en la literatura. En realidad, la mitad de la gente a mi alrededor está escribiendo una novela y conozco varios adolescentes que ya están afanados con sus memorias. ¿Sabes cómo lo veo?

Los escritores somos exploradores abriéndonos paso en la selva con un machete en la mano. Si trabajamos juntos, trazamos un camino y pasamos todos en gloria y majestad. Esto no significa que pueda escribir prólogos y leer los cientos de manuscritos que caen sobre mi mesa. Pero si nos hacemos zancadillas y nos damos machetazos unos a otros, la selva nos come vivos. Mientras más numeroso el contingente de los que abren el sendero de la literatura, más lectores ganamos. Cada lector que se engancha con un libro mío busca después otros escritores latinoamericanos. Las historias son infinitas, las palabras son gratis y la necesidad de la gente de que le cuenten cuentos es ilimitada. ¿Para qué andar con mezquindades?

Así era Julio Cortázar. Me ponía en contacto con otros escritores, recomendaba libros, si uno necesitaba una información, él decía: «escríbale a zutano», y me daba todos los datos. Otro generoso era Eduardo Gudiño Kieffer, escritor argentino, que me proporcionó una lista completísima de las escritoras argentinas más valiosas. ¿Conociste a Marta Lynch?

La he leído y la vi una vez, poco antes de su muerte.

Gudiño Kieffer me dijo que yo me parecía a Marta Lynch y me vestía como ella. Cuando la conocí no encontré el parecido, pero me halagó lo mismo. También me dijo: «en el mar de la literatura hay muchos peces que pueden nadar y hay espacio para todos». Sin embargo nadie me quería dar nombres de escritoras. Él se tomó el trabajo incluso de averiguar sus direcciones y números de teléfono. En aquella época sólo figuraban en los textos de literatura sor Juana Inés de la Cruz y Gabriela Mistral. Espero que esa generosidad tuya no invada toda tu vida. No tendrías un minuto de tranquilidad.

Todos los años tenemos que cambiar el teléfono, porque suena sin descanso, hasta volvernos locos. Esta Navidad tuvimos gente durmiendo en sacos, como vagabundos y además alquilamos varios cuartos en una hospedería cercana.

¿Te gusta tener la casa llena?

Siempre que no sea por temporadas muy largas. Cuando por fin todo el mundo se fue en enero y quedamos solos en la casa, Willie se desnudó completamente y salió dando saltos y gritos como un Tarzán demente, reconquistando su territorio invadido.

Una señora me contó una vez que no podía tejer en presencia de su marido, pues él se sentía descuidado. La pobre mujer tuvo que inventarse que lo hacía por orden de un médico para la artritis. Si para tejer es complicado, hay que tener un cuarto propio para escribir. ¿A Willie no le molesta cuando te encierras a escribir? ¿Cuál es tu horario?

La verdad es que no le he preguntado si le molesta... Creo que le gusta verme ocupada, así no lo pongo a cambiar los cuadros o mover los muebles. Tenemos los horarios bien cuadrados: nos levantamos muy temprano, él parte a su trabajo y yo a caminar por una hora, luego voy a mi cuchitril, que es una cochera en la parte de atrás de la casa donde queda su oficina; a veces tomamos café o almorzamos juntos y a eso de las cinco ya estamos en casa. Cocinamos, nos ocupamos de los nietos... Nunca falta qué hacer.

Tu mamá pensó que serías actriz, tus amigas habrían jurado que te dedicarías a la pintura. Winston Churchill ganó el Premio Nobel de Literatura y se destacó como pintor, ¿sería el caso tuyo?

¿Qué diablos dices? De vez en cuando pinto unos horrores, con mucho más desparpajo que talento. Eso no me convierte en artista. También suelo bajar la escalera corriendo, pero eso no me da categoría de atleta, Celia. Me relaja trabajar con las manos, por eso tengo una pieza llena de papeles, pinturas, trapos y cuanto material puede servir para fabricar artesanías. Pero si de trabajar con las manos se trata, debiera hacer empanadas, sería más útil. (*Mientras más se ríe, más me fijo en un par de cuadros suyos en la pared, que no son malos.*)

Dicen que haces a mano, una a una, las tarjetas con que contestas las cartas de tus lectores.

Es una forma de meditación. Pero no las hago todas, la mayoría son bordadas por mi amiga-hermana Pía Leiva en Chile y me las manda en grandes sobres. Son tan lindas que muchas veces se las roban en el correo.

En una conferencia alguien del público te preguntó cómo te definirías y respondiste sin vacilar: *a flamboyant bitch.*

Flamboyant bitch en inglés suena mejor que en español. La traducción es muy dura: perra flamígera. ¿Cómo se definiría usted? Es una pregunta típica que nunca sé contestar. Lancé esa frase por el gusto de escandalizar al público y, tal como sostiene mi madre, por hacer un chiste me metí en problemas. Ahora estoy condenada a dar explicaciones hasta que me muera. Quise decir que soy desprejuiciada y me tienta la extravagancia. ¡Ya veo que me estás mirando con sorna! Cierto, esto se opone a lo que hablamos antes, que soy más bien tímida en el aspecto social. Es otra de mis muchas contradicciones.

Has tenido muchos halagos, mucho éxito, ¿en qué forma eso te ha cambiado?

Ninguna, creo. El éxito de los demás no me impresiona mucho, no veo por qué podría impresionarme aplicado a mi persona. Mi vida ha sido una montaña rusa, subir y bajar. Cuando estoy abajo no me deprimo porque no será eterno y cuando estoy arriba miro el precipicio a mis pies y me siento humilde. Todo puede terminarse en pocos segundos.

¿Puedes tener vida privada?

Por supuesto, no soy una cantante de rock, soy apenas una escritora. ¿Cuánta gente crees que lee en este mundo? Además Estados Unidos es un país muy vasto. Aquí soy una más de treinta millones de inmigrantes latinos.

¿Dónde eres más famosa? ¿Dónde te leen menos?

En mi casa es donde soy más famosa. Me leen más en Alemania, Italia, Holanda, Dinamarca y por supuesto España y todos los países latinoamericanos de habla castellana. Me reconocen más en la calle en Chile, por supuesto. ¿Dónde me conocen menos? En el resto de la galaxia y más allá.

Actualmente

Cuando vi a Isabel en la Conferencia de Escritoras en Montclair College poco después de publicarse *La casa de los espíritus*, vestida con una falda de aldeana, una enorme cartera de cuero en la mano, una especie de poncho o ruana gris para rematar su atuendo y sin maquillaje, tenía la expresión asustada de una niña que aterriza en una fiesta ruidosa, llena de desconocidos. Apenas alcanzaba el atril desde donde nos dirigía la palabra y leyó su trabajo sobre la novela con una voz sin inflexiones. Pienso que el lema del tío Ramón «Acuérdate siempre que los demás tienen más miedo que tú» se quedó corto ante el asedio de la fama que le trajo de súbito su primera novela, y al principio le costó reaccionar.

La Isabel de hoy no se parece en nada a la de entonces. Con la apariencia de una mujer diez años más joven, extremadamente fotogénica, puede pasar por una actriz profesional cuando se presenta en público. Su ropa tiene un sello propio inspirado en la libertad de los años setenta, pero en colores más intensos —prefiere todos los matices del rojo y el dramático efecto del negro—, telas de texturas leves que se pliegan suavemente y tienen movimiento propio al andar. No ha perdido el sentido del humor que hizo famosa su columna «Los impertinentes» en Chile. Se ríe libremente de sí misma y de sus supuestas flaquezas, y recuerda las gracias espontáneas de los niños para incorporarlas a su repertorio. Los chistes memorizados la dejan fría; no se ríe porque dice que no los entiende. Responde con agilidad a las preguntas de los periodistas llevándolos por el camino de la ironía y el humor, sorteando los escollos de interrogaciones engorrosas con destreza.

La fama no se le ha subido a la cabeza. Sabe que es un privilegio con enormes responsabilidades, y la muerte de Paula le dio una lección inolvidable sobre la fugacidad de los bienes terrenales. Con la fama aumenta la visibilidad y por ley implacable de contrarios, la vulnerabilidad de la persona. No se aferra a las cosas materiales y el dinero que se ha ganado con su máquina de escribir, sin explotar a nadie, lo usa con generosidad. Acepta el elogio sincero con gratitud, casi con humildad y recibe la crítica con actitud ecuánime. Suenan de lejos los versos de Rudyard Kipling al pensar en ella: *If you can meet with Triumph and Disaster and treat those impostors just the same...*

Vive en el pueblo de San Rafael, al norte de San Francisco, adonde se mudó hace ocho años. Se ha impuesto la férrea disciplina de caminar una hora todas las mañanas. Por lo menos tres veces por semana lo hace en el hermoso bosque de araucarias centenarias donde repartieron las cenizas de Paula, que ella considera como su propio santuario. Después de haber combatido los embates de unos kilos indeseables por medio de dietas pavorosas y programas de calistenia en cámaras de tortura, ha descubierto que caminando a diario puede mantener el peso ideal para ella y de paso despejar la mente y practicar meditación. Sin embargo, el sabor del chocolate, todavía puede causarle una crisis aguda de culpabilidad, no puede resistirlo. El paisaje que la rodea, mar y bosque a sus anchas, invita a los caminantes a vencer la resistencia que se opone por costumbre a las disciplinas benéficas para el cuerpo cuando se convierten en obligación. Tabra, su amiga artista cuyas joyas cuelgan de las orejas y cuellos de millares de mujeres, también personaje de *El plan infinito*, es su acompañante en las caminatas matinales. Tabra ha confeccionado joyas en plata y piedras semipreciosas a tono del color de los vestidos que lleva Isabel en sus apariciones en público. Isabel recibe innumerables invitaciones que selecciona con cuidado tratando de favorecer a estudiantados de diversos orígenes étnicos, especialmente hispánicos, pero debe rechazar cerca del noventa y cinco por ciento de las que llegan. «Necesito tiempo, silencio y soledad para escribir, no puedo aceptar todos los compromisos.» En Estados Unidos, la presencia de la autora ha logrado inspirar a más de una joven hispánica de escasos ingresos a continuar sus estudios graduados. Las becas Paula que anualmente Isabel otorga en la Universidad de San José, en California, dan oportunidad a muchos jóvenes para avanzar en sus estudios universitarios.

Cuando Isabel Allende llegó a California en 1987 ya era famosa, sin embargo, la gente común no la conocía. Las universidades norteamericanas se habían apoderado de sus novelas y los críticos afilaban sus brújulas y astrolabios literarios para ubicarla en el mapa de la literatura mundial. Isabel llegó de paso, pero William Gordon le salió al encuentro, le susurró al oído las dos palabras secretas que Belisa Crepusculario dispensaba de yapa, y la escritora se radicó definitivamente a su lado. Isabel se gana a la gente tanto en ese espacio cerrado entre lector y autor como en el espacio abierto del escenario, donde maneja al público con dosis de audacia, desenfado sin animosidad, mucho ingenio y una poderosa fuerza interior que le sale por todos sus poros de mujer voluntariosa con una enorme vocación de alegría.

Al principio la compararon con Gabriel García Márquez; y se sintió halagada. Dice que si fuera bailarina y le hubieran dicho que bailaba como Nureyev, hubiera estallado de alegría. Mas cuando los críticos persistieron en la comparación, ya no le hizo tanta gracia. Después de todo, ella también ha resucitado el arte de contar cuentos con su propia voz. «¿Te has fijado que siempre que una mujer triunfa le buscan un mentor masculino?» La opinión de los críticos la tiene sin cuidado, y prefiere mil veces pasar una tarde con los estudiantes en su casa que asistir a una conferencia profesional de críticos y autores, situación de la que huye como de la peor fatalidad.

Uno de los procesos menos documentados y quizá uno de los más fascinantes para un autor es el lento conocimiento de su obra adquirido por un estudiante. En la lectura meditada y comentada bajo la dirección de un mentor o guía que ha recorrido anteriormente la topografía literaria, se interna un lector incierto, temeroso de hallarse ante una obra indescifrable, de aquellas que convierten al profesor en forzoso intérprete de lo desconocido. Si bien aumenta el prestigio del decodificador de signos crípticos, el estudiante se encuentra muchas veces a la deriva sin sacar ningún solaz del libro que su programa le exige para poder graduarse. ¿Entienden totalmente al autor? ¿Llegan a conocerlo? Casi imposible. O están muertos como el magnífico Cervantes, o es como si lo estuvieran, pues los autores famosos casi nunca pierden el tiempo hablando individualmente con estudiantes universitarios. Con Isabel Allende es distinto. La autora les abre los ojos, les suelta la lengua, les alborota la imaginación. No me acuerdo cuándo Isabel visitó mi primera clase al finalizar el semestre. Comentábamos entonces *La casa de los espíritus*. Los estudiantes, en trance al comienzo, no podían romper el hielo y se quedaron mudos, pero con Isabel el hielo no dura mucho. Los abrazó uno a uno, les regaló a cada uno un ejemplar autografiado de su libro, se sacó fotos con todos, para la mamá, el novio, la abuela. Desde 1988 ha visitado mis clases ya sea en mi casa, en la suya o en la universidad. Viviendo en Estados Unidos ha logrado volver a poner la fantasía en su sitio en una cultura imaginativamente pobre aunque materialmente rica. Todo buen lector que se compenetra con el autor a través de su libro tiende un lazo invisible sin saberlo; es un enamorarse poco a poco sin intermediarios excepto el libro. Las emociones han pasado por la imaginación en un compartimiento secreto, en un espacio mágico creado por una doble corriente: autor-lector. ¿Por qué se complementa la obra de Isabel Allende después de conocerla a ella personalmente? En el fondo la explicación es muy sencilla, Isabel Allende es generosa y confiada; por eso la celebridad no la asusta ni la separa de sus lectores.

«La energía de Isabel agota de sólo verla», dijeron sus amigas Malú Sierra y Pía Leiva, «su hermana» chilena, refiriéndose a los años sesenta y setenta. No ha cambiado nada. Su triunfo no es obra de los espíritus, como le gusta decir, sino de una fiera voluntad vasca de no dejarse vencer. Puede escribir una página diez, quince veces hasta quedar satisfecha. Es una trabajadora puntual y exigente. Lo que se exige a sí misma es lo que espera de los demás. En materia de puntualidad es implacable. Nunca se hace esperar, aparece cinco minutos antes de la hora señalada para el encuentro. No le gusta que la sirvan. Prefiere servirse sola y dispensar sus atenciones a los más necesitados.

¿Cómo descansa este dínamo humano? Con trabajos que ocupan las manos: tejer, cocinar, hacer tarjetas, variaciones de las famosas arpilleras chilenas de la época de la dictadura, pintar, fabricar joyas de fantasía para sus amigas, títeres y muñecos para los nietos. Los nietos ocupan la mayor parte de su tiempo libre. Si la necesidad es urgente es capaz de dejar todo para cuidarlos. Los fines de semana son para Willie. La hora más feliz del día para ella es la noche cuando «abrazada a Willie en la cama nos contamos los pormenores del día». La oficina de Isabel en Sausalito, a veinte minutos de su casa, absorbe una buena parte de su tiempo. Contratos, entrevistas, invitaciones a dar conferencias, planificación de proyectos comunitarios, donaciones, cartas, llamadas y mensajes llegan a diario. Dos asistentas atentas a los varios teléfonos y faxes no descansan. Isabel tiene la misma reputación que tenía Julio Cortázar respecto a su correspondencia: no deja carta sin contestar. Las tarjetas de agradecimiento están a veces hechas por ella misma y van escritas a mano con la flor del nomeolvides a continuación de su firma. Concierta un compromiso con meses, a veces años de antelación, y a menos que haya un terremoto en San Francisco, o irrumpa el sarampión en uno de los nietos en ausencia de Nicolás, no falla. No se echa atrás una vez que da su palabra. «La palabra de Isabel vale», ha dicho Carmen Balcells. Tiene una salud de hierro, come de todo y duerme ocho horas seguidas desde el momento que pone la cabeza en la almohada.

Sus noches no son tiempo de descanso total, porque lleva la cuenta de sus sueños y apenas despierta los anota. «Saco mucha información de los sueños que me sirve para resolver problemas de la escritura, aprender sobre mí misma y manejar mejor mi realidad.» Cuando está escribiendo, por ejemplo, suele tener un sueño recurrente con un bebé: «Ese niño es siempre el libro en proceso. Lo que le ocurre al niño en el sueño por lo general le ocurre al libro en la vida real. Digamos que el niño llora con voz de hombre, eso significa que debo revisar la voz narrativa o el tono. Otras veces el bebé está en un cuarto tras una puerta cerrada y lo oigo, pero no puedo llegar a él, o bien logro alcanzarlo, pero no puedo sacarlo del cuarto. Eso significa que tengo problemas con el argumento, se me ha enredado la historia.» Los sueños también le sirven para identificar problemas prácticos o emocionales. Cuando sueña con una casa muy grande y desordenada que ella debe limpiar, despierta sabiendo que hay un aspecto de su realidad que necesita atención inmediata. «En el sueño las cañerías se atascan, las camas están deshechas, las cacerolas y platos sucios llenan la cocina, hay pilas de basura, papeles de periódicos, polvo. Es un sueño muy angustioso pero muy útil, porque me alerta sobre aspectos de mi vida que debo resolver.»

Le gusta la música clásica, pero prefiere el silencio. Por costumbre, ni sintoniza la radio ni pone un disco o la televisión, prefiere que lo hagan otros. Le encanta el cine. Con Willie miran vídeos de películas viejas norteamericanas y extranjeras. *El tesoro de Sierra Madre* y *Casablanca* con Humphrey Bogart están entre la colección de filmes clásicos que ven y reven. Las películas de violencia y las pornográficas no figuran entre las escogidas. «Me he salido muchas veces del cine porque no soporto la crueldad. Después Willie me cuenta el final en una versión expurgada donde la sangre no corre a raudales.» Va con su marido a menudo a Nueva York para no perder la temporada de teatro que les encanta a los dos.

Isabel ha heredado de su abuelo, el Tata, una fuerza física poco común en una mujer. Al verla tan pequeñita, uno se equivoca creyéndola frágil. Todo lo contrario. Suple lo que puede faltarle en músculos con una férrea determinación. «Nací en agosto, signo de Leo, sexo femenino y si no me cambiaron en la clínica, tengo sangre castellano-vasca, un cuarto de francesa y una cierta dosis de araucana o mapuche, como todos los de mi tierra.» He visto esa combinación de sangre vasca y araucana en acción, cuando sacó un cajón de botellas de champán del maletero de un coche sin ayuda de nadie y lo subió a la casa trepando las escaleras. En otra ocasión veníamos de volar en avioneta por el centro de California, Isabel, su ex nuera Celia y yo. Isabel cargaba con la guitarra de Celia y con una bolsa donde colgaba el traje que se había puesto la noche anterior, para dar una charla en la Universidad de Fresno. Al bajar de la avioneta teníamos que tomar un autobús que nos llevaría a la terminal central del aeropuerto de San Francisco, después de subir una escalinata empinada, cuyas gradas eran más altas de la cuenta. En el mismo vuelo iba una pareja de campesinos mejicanos con tres niños pequeños, dos que parecían mellizos y una niña apenas mayor que sus hermanos. La familia se quedó desconcertada al ver el autobús y nos preguntó en español qué debían hacer. Les dijimos que nos siguieran. Nos trasladaron de una punta del aeropuerto a la otra y al bajar del vehículo cada padre tomó a uno de los niños menores en brazos, y la otra niñita quedó a la deriva. Sin llamar la atención, Isabel cambió la guitarra y la bolsa al brazo izquierdo, y con el derecho libre alzó a la pequeña y subió la escalera con paso firme y seguro. Alguien dijo una vez que camina como si llevara un cántaro en la cabeza. Después que les entregó la niña a sus padres y siguió adelante, me acerqué a ellos y les pregunté:

—¿Saben ustedes quién es esa señora?

El padre en silencio negó con la cabeza.

—Es una escritora famosa.

No pareció impresionado. Debí decirle que era una actriz mejicana; lo cierto es que la mayoría de la humanidad se va a dormir con hambre, y no sabe mucho de escritores. En la familia que llegó a ser una tribu por arte y parte de Isabel, ha habido algunas bajas este último año. Celia, la madre de sus tres nietos, ya no está casada con Nicolás. Jason, el hijo adoptivo de Willie, se ha ido a trabajar a la costa Este del país, y Ernesto, su yerno, vive en Nueva Jersey. Harleigh, aquel hijastro difícil, se ha convertido en un joven razonable y atento, capaz de desarmar a cualquiera con la misma sonrisa cautivante de su padre, a quien Isabel quiere como otro hijo. Con mucha dedicación por parte de Isabel y Willie y tras un largo peregrinaje por escuelas especializadas, ha salido adelante con éxito. Un día Isabel tuvo la conmovedora sorpresa de ver a Harleigh ponerse de pie frente a toda la escuela, para decir que ella le había enseñado lo que son el amor y los límites.

Era el mismo niño que a la llegada de Isabel en 1987, cuando él apenas contaba con diez años, había insistido en dormir entre ella y Willie porque se asustaba por la noche. Isabel zanjó el asunto a su manera: lo instaló en un saco de dormir en el suelo a su lado de la cama con un piolín atado de la muñeca de Harleigh a la suya. Cada vez que el chico sentía miedo, ella tiraba del piolín, recordándole que estaba a su lado, y así lo tranquilizaba. Hoy usa un recurso similar con sus nietos cuando van a dormir a su casa.

Entre las muchas Isabeles que hay en Isabel, hay una niña. Su tono irreverente, la fantasía desbordante de sus cuentos, el espíritu histriónico que se apropia de ella ante un auditorio, menudo o nutrido, la facilidad para armar una comparsa al menor capricho encantan a los niños. «Isabel lleva su circo con ella —dice Pía Leiva—, es el deleite de los niños.» A veces ella, para divertirse con la reacción escandalizada de sus oyentes, anuncia terminante que detesta a los niños. La verdad es todo lo contrario.

Lygia, el ama de llaves nicaragüense que ayudó a Isabel a cuidar a Paula, la ayuda ahora a cuidar a sus nietos Alejandro, Andrea y Nicole. Entre ambas hay una sólida amistad basada en tareas comunes y recuerdos dolorosos que han compartido. Lygia cuenta que algunas veces le ha parecido ver la silueta de Paula bajando la escalera. En realidad Paula está presente por todas partes en esa casa, en fotografías, en la conversación de la familia, en la memoria de todos. No es raro sentir que su espíritu anda cerca.

Isabel dice que Paula es una suave presencia que lleva consigo siempre, como una segunda piel.

Escritura

Me da la impresión que has vivido de crisis en crisis. ¿Qué harías si estuvieras condenada a la normalidad?

Tendría más tiempo para meditar y me conseguiría una perra.

¿Por qué una perra?

Porque los perros fornican con las patas de los muebles.

¿Crees que las crisis han creado a la escritora que eres hoy?

Las crisis, que comenzaron en mi temprana infancia, me han inducido a crear un mundo fantástico donde encuentro refugio. Otra gente que hace eso termina en un asilo para locos, pero yo he tenido la suerte de haber convertido ese mundo privado en un producto que la gente desea comprar, lo cual me ha traído respeto, en vez de electroshocks. Vivo en la realidad buena parte de mis horas, pero apenas las cosas se ponen color de hormiga, puedo encerrarme en mi propio universo, donde soy maga y reina, yo hago las reglas y las cambio a mi antojo.

Parece que tienes una varita mágica. ¿Siempre puedes escapar a la ficción?

Casi siempre. Hay veces, sin embargo, como ocurrió durante la tragedia de Paula, que no hay escapatoria: hay que sumergirse en la oscuridad y sufrir sin atenuantes. Pero incluso en esas circunstancias tuve el alivio de la escritura. En el paciente ejercicio cotidiano de escribir pude ordenar la confusión y poner límites al dolor. Al nombrarlos, los acontecimientos adquieren contornos precisos y es más fácil enfrentarlos. Al decir, por ejemplo: mi hija está agonizando, el problema se define. Eso permite decir inmediatamente: tengo otro hijo, nietos, un marido y una madre que me aman. Los espacios se delimitan y la angustia no contamina toda la existencia.

Si pudieras elegir ¿preferirías una vida banal, sin sobresaltos?

No. Entiendo que la condición de la vida es el sufrimiento, hemos venido a este mundo a perderlo todo, incluso la propia conciencia, la propia vida. Así crecemos, así madura el alma y así aprendemos también sobre la alegría. Cuando me preguntas si el drama de la realidad alimenta mis libros, te respondo que sí, es cierto, pero los libros son también el lugar sagrado donde el drama cotidiano se eleva a una categoría épica y deja de ser un asunto personal para convertirse en algo que comparto con la humanidad entera. En el universo de la ficción las normas son claras: existen el sufrimiento, la violencia y el terror, pero siempre prevalecen el amor y la solidaridad. Ése es mi espacio literario, el mundo que he creado en mis libros.

Son reglas ficticias.

He dado ese orden a mi mundo literario porque el amor y la solidaridad son fundamentales para mí. También aplico —no siempre con éxito, lo admito— esas reglas en mi vida. El límite entre el mundo mágico de la ficción y la existencia real es difuso. Al crear frase a frase, libro a libro, ese espacio personal de la literatura, yo misma me nombro y me defino, tomo la palabra, existo, me convierto en un ser visible. La palabra me hace fuerte.

Cuando llega King Benedict, al principio de *El plan infinito*, la pequeña Judy le dice: «estamos haciendo collares con piedras mágicas». «¿Para qué sirven?», pregunta el hombre. Y ella responde: «cuando usted empieza a desaparecer, se pone el collar y se vuelve visible». Eso me llamó mucho la atención cuando lo leí. En las leyendas los héroes se ponen una prenda o beben una pócima y se vuelven invisibles, es decir, lo contrario que planteas tú. El enfoque tuyo es original: el héroe es invisible y debe recurrir a algo que lo haga visible. El filtro mágico en este caso es la palabra, que otorga el poder de existir, de ser visible, de tener voz. Con tu palabra das vida a los personajes de tu obra, que es muy autobiográfica me parece.

He tenido que prestar mucho de mi propia vida a esas criaturas. Son voraces: todo lo devoran.

Trabajaste como periodista y en televisión, ¿de qué manera influyó eso en tus novelas?

El periodismo me dio casi todos los trucos que utilizo para la literatura. El primer deber del periodista es atrapar al lector. El periodista compite con otros medios de prensa, con otros artículos dentro del mismo periódico. Debe conseguir la atención del lector en las primeras seis líneas y mantenerla hasta el final. Ritmo, suspenso, velocidad, tono, información… Y además hay que escribir en poco espacio y con poco tiempo, corriendo contra el reloj. Es un entrenamiento formidable, esa inmediatez y prisa me sirven en la literatura. Los autores que no han pasado por eso tienden a olvidar que la escritura no es un fin en sí misma, es sólo un medio de comunicación. Si no te leen ¿qué significa tu trabajo? Me encanta escribir, gozo el proceso, pero no olvido que hay un interlocutor. Como lectora, si no me interesa el libro en las primeras páginas, pronto lo abandono. Si me aburro, me irrito.

Muchos escritores latinoamericanos han pasado por el periodismo: Gabriel García Márquez, Mario Vargas Llosa, Tomás Eloy Martínez.

El periodismo me dio técnicas muy útiles, como aprender a hacer una entrevista. Cuando escribo mis novelas normalmente busco modelos para los personajes y una vez que los encuentro, les anuncio mis intenciones y procedo a grabar entrevistas. Por lo general la gente es muy generosa en estos casos: a todo el mundo le gusta contar su vida. Y aprendí hace tiempo a hacer preguntas indiscretas, tengo una gran desfachatez para meterme en la intimidad ajena. En el afán de objetividad de todo buen periodista, se buscan las dos caras de la moneda, uno no se queda con la primera versión, escudriña en la sombra hasta dar con lo menos aparente. En la novela hay espacio para eso, se puede contar un solo evento visto por muchos lados. El uso del lenguaje en el periodismo es importante: efectividad. Los escritores nos enamoramos de la belleza de una frase y perdemos de vista el efecto que produce. En eso soy implacable, corto y corto sin piedad. ¿Es necesario esto? ¿o es que me encanta decirlo? Otra cosa fundamental es no subestimar al lector, darle la información sin remacharla. El perio-

dismo a uno lo hace humilde, eso que uno escribe con
tanto cuidado en el periódico sirve para que el carnicero
envuelva la carne al día siguiente. No hay que perder de
vista esa humildad: la literatura es como hacer pan, la
palabra escrita es mi harina. Y nada más. Todo pasa, no
es trascendente.

¿Y la televisión?

Si el periodismo es inmediato, la televisión lo es mucho más. La imagen pasa sin dejar trazo, ni siquiera se
puede envolver la carne con ella. Supongo que en la televisión aprendí a abreviar y a pensar en imágenes, lo
cual puede ser muy útil en las novelas. Me gusta que el
lector vea, sienta las escenas como si estuviera ante una
pantalla. Pienso en términos televisivos: primero presentar a los personajes, crear la atmósfera y la tensión,
luego desarrollar la acción y enseguida el final.

¿Alguien te enseñó eso?

Se aprende haciendo. ¿Cuándo funciona una obra
de teatro o de televisión? Cuando los personajes son co-
herentes, nítidos sin ser simplones, cuando el argumento es comprensible y se desarrolla con ritmo, cuando
hay tensión, suspenso y un desenlace memorable. Si todo
sucede en el mismo plano, no funciona, como tampoco
funciona en la novela.

También escribiste teatro. ¿Qué aprendiste con eso?

Los actores me enseñaron a ser consistente en la creación de los personajes. Cada actor estudia su papel a fon-

do para hacerlo creíble. Digamos que debe aparecer en el escenario por unos segundos para anunciar que la mesa está servida. Se pregunta ¿quién soy?, ¿por qué trabajo como mozo?, ¿me gusta este oficio?, ¿cuál es mi pasado? Así puede desarrollar su personaje y decir que la mesa está servida de una manera convincente. Mi primera obra de teatro, escrita en 1970, se llamaba *El embajador*. Era la historia de tres guerrilleros que raptan a un embajador y lo mantienen prisionero en un sótano, donde deben convivir en estrecha intimidad. Hablan, comparten, recuerdan, planean, pelean, se reconcilian, sufren las mismas tensiones, se aburren por igual, aprenden a escucharse, a respetarse, y acaban siendo amigos. Al final deben matarlo. Eran tiempos en que la guerrilla existía en casi todos los países del continente, acababa de triunfar el socialismo en Chile, era la primera vez que un marxista, Salvador Allende, llegaba al poder por votación democrática.

Creíamos que el mundo iba a cambiar, acabábamos de pasar la ilusión del año 68, con los disturbios estudiantiles en París y Alemania, había un surgimiento de ideas revolucionarias, era también la primavera de los hippies.

El pueblo estaba en la calle, había murales de palomas y flores, cantábamos canciones de protesta… Y yo tenía veintiocho años y me sentía dueña del mundo. Mi columna de humor y el programa de televisión me permitían entrar cada semana a las casas de los chilenos, la gente me saludaba en la calle, me sentía querida y aceptada, estaba llena de esa fuerza y petulancia propias de la juventud. Tenía tanto que decir sobre la lucha de clases, los ideales socialistas, la justificación de la violencia en los sistemas de explotación de las masas, etc., que me atolondré. Salpiqué todo eso en monólogos de los guerrilleros en la obra, los pobres actores debían recitar todo lo que yo me moría por decir. Uno de ellos, Alejandro Cohen, hacía el papel de un joven obrero, que entraba a la guerrilla por desesperación, a diferencia de los intelectuales del grupo, estudiantes que estaban allí por idealismo. Cuando Alejandro leyó su papel en voz alta por primera vez, me dijo que los obreros no hablaban así, que él se sentía ridículo diciendo esas cosas, lo suyo era la sobrevivencia, la pobreza, la acción, no la oratoria. Tuve que reescribir completamente su parte. Cuando ahora desarrollo un personaje en la literatura siempre recuerdo a Alejandro y me pregunto: ¿habla así esta persona?, ¿es su comportamiento coherente con su carácter?, ¿con su biografía?

¿De dónde sacaste la idea para esa obra?

Puedo decirte que es la primera vez que tuve lo que suelen llamar «un golpe de inspiración». Vino la musa —envuelta en velos y volando como una libélula gorda— y me puso un regalo en las manos. El presidente Allende nombró embajador en Argentina a mi padrastro. Alguien le dijo, en broma, «no te vayan a raptar, Ramón», porque en Uruguay los tupamaros habían secuestrado a un diplomático. La frase fue como un mazazo para mí. Tuve una reacción física violenta, me dieron vómitos, me deshidraté y me llené de ronchas. Lástima que nunca más me ha sucedido, porque bajé varios kilos en tres días. Me senté a la máquina de escribir y produje la obra de teatro en ese tiempo. No descansé ni comí hasta que puse la palabra fin. Luego se la pasé a Malú Gatica, actriz muy querida en Chile, quien le vio posibilidades y con mucha generosidad, puesto que no había un papel para ella, la mostró a La Compañía de los Cuatro. Dos semanas más tarde teníamos el proyecto enrielado. Fui a los ensayos todas las noches y al amanecer del día siguiente incorporaba las correcciones y sugerencias del director y los actores. Aprendí en pocas semanas lo que otros tardan años estudiando en clases formales.

¿Hay una gran diferencia entre el diálogo hablado y escrito? En los cuentos tus diálogos son muy breves. ¿Qué lugar ocupa el diálogo en tu obra?

Mínimo. Para que el diálogo sea creíble, debe ser coloquial, debe ser como en realidad habla la gente en ese lugar y en esa época. El lenguaje es un animal vivo, orgánico, que cambia y se mueve. La gente ya no habla en Chile como hablaba en los años setenta. Si en *La casa de los espíritus* yo hubiera usado los modismos de la época, hoy serían incomprensibles. Además eso dificulta las traducciones y excluye a los lectores que no están familiarizados con los términos. El diálogo coloquial, sobre todo entre los jóvenes, cambia. Yo trato que mis historias sucedan en un tiempo no muy preciso y en un espacio no determinado, a menudo un espacio mítico, donde permanecen frescas. El diálogo coloquial ancla la historia en la realidad.

¿El hecho de que tu obra esté desprovista de localismos puede ser, por tanto, una de las razones por las que las traducciones funcionen?

Seguramente. Lo que los norteamericanos llaman *slang* y nosotros jerga o argot es intraducible. En *El plan infinito* tuve muchos problemas en ese sentido, porque en el barrio latino donde crece Gregory Reeves no se hablaba realmente castellano sino *pachuco*, y luego en el capítulo sobre el Vietnam me encontré con que durante la guerra se desarrolló un lenguaje, se empleaban términos que en Estados Unidos todos conocen, pero no en el resto del mundo. ¿Lo ponía en inglés? Eran intraducibles al español, único idioma en que yo puedo escribir ficción. Si no usaba el *slang*, el texto perdía credibilidad. Evité el diálogo y cuando usé localismos lo hice en un contexto en que se pudiera entender el significado.

¿Crees en el poder exclusivo de la inspiración?

Es una cosa maravillosa que a veces sucede casi como un milagro, como enamorarse a primera vista o sacarse la lotería. La inspiración da una energía extraordinaria que permite alcanzar las nubes de vez en cuando. Pero en la literatura hay más que nada trabajo. Cuando me ha tocado enseñar en alguna universidad, les digo a mis estudiantes que escribir es como entrenarse para el atletismo: hay que hacerlo todos los días, con perseverancia y humildad. El atleta sabe que esas horas de entrenamiento que nadie ve ni aprecia le servirán para alcanzar sus marcas en la competencia; sin ellas no puede ganar. Cada borrador que el autor hace, cada página que va a parar al tarro de basura, todo eso es indispensable para alcanzar el párrafo publicable.

James Baldwin dijo que sólo podía escribir en París, mientras que Faulkner aseguraba que no podía hacerlo sino en su pueblo. El ambiente que te rodea ¿ha afectado la creación?

Tal vez no de inmediato, pero sí a largo plazo. Escribí mis dos primeras novelas, que tienen el sabor y el olor de Chile, en Venezuela. Son libros nostálgicos. Necesité muchos años en el Caribe para imbuirme de su color y escribir *Eva Luna*. Los cuentos, que también son caribeños, los hice en Estados Unidos. Vivía aquí, pero tenía todavía el paisaje de Venezuela dentro de mí. *El plan infinito* me tomó cuatro años, no pude hacerlo antes, porque debía darme tiempo para sentir a California en la piel. El lugar determina el estado de ánimo, pero no necesariamente la escritura. Puedo escribir todavía sobre Chile, puedo escoger temas que sucedieron en tiempos pasados. Pero no puedo escribir sobre sitios que no conozco, como hacía Julio Verne. Tampoco puedo ir a la India por unas pocas semanas y regresar con una novela sobre el Taj Mahal.

La distancia y la nostalgia parecen ser detonantes de tu creatividad. Así escribiste *La casa de los espíritus*. ¿Podrías haber escrito exactamente ese libro en Chile, tranquila, llevando una vida cómoda?

No. Esa novela es un intento de recrear un mundo que había perdido. Hice lo mismo con *De amor y de sombra*. Tengo dentro de mí un Chile congelado en una época, en los años setenta, y cuando voy ahora, veinticinco años más tarde no lo reconozco. A veces lo encuentro en una aldea de pescadores, o en la casa de un minero en el norte, pero todo ha cambiado. El paisaje de Chile para mí es aquel que describe Pablo Neruda. Cuando voy a Isla Negra no veo el mar Pacífico, sino el mar infinito de los versos del poeta. No el paisaje real, sino el paisaje de la palabra.

¿Tienes una visión más exacta de los hechos distanciándote o de cerca?

A la distancia. A veces la distancia es geográfica y otras es en el tiempo. Nunca he podido escribir en el ojo del huracán, excepto en el caso de *Paula*, que lo escribí cuando ocurrían los hechos, sentada en un pasillo del hospital de Madrid y más tarde junto a su cama en mi casa en California.

Te mueves con comodidad en varios géneros: periodismo, novela, cuento, ensayo, memoria. ¿Has intentado la poesía?

Nunca, para eso se necesita genio.

La ficción es tu fuerte. ¿Cómo te sentiste al escribir una memoria?

Supongo que las memorias se escriben como un ejercicio de nostalgia, pero en mi caso fue un acto de sobrevivencia. Una memoria es siempre subjetiva, eso la acerca a la ficción, porque el hecho de seleccionar qué contar y qué omitir es una forma de ficción. Una escoge qué resaltar y qué ocultar, así como la luz bajo la cual se presentan los hechos. Con tales ventajas, cualquiera puede convertirse en protagonista de un destino especial. Se cuentan los momentos luminosos y los más oscuros, nadie pierde páginas contando los infinitos tonos de gris en que transcurre la mayor parte de la existencia. La dificultad en *Paula* no fue seleccionar los acontecimientos, puesto que no tenía interés en aparecer mejor de lo que soy —ese libro nació como una carta para mi hija, que me conocía de sobra—, sino en tratar de ser honesta sin traicionar demasiado a las personas que aparecen en el libro con sus nombres verdaderos. Ese dilema entre mi lealtad con la escritura y mi lealtad con los seres que estimo todavía me atormenta.

Dijo García Márquez que el día que tuvo que matar al coronel Aureliano Buendía lloró dos horas. ¿Te acercas a tus personajes peligrosamente? ¿Has sufrido la separación con alguno en forma dolorosa?

Sí. Cuando murió Clara del Valle en *La casa de los espíritus* no supe qué hacer, sin ella la historia perdía el alma. Era mi personaje más querido, no tuve que inventarlo, era mi abuela. Por suerte volvió su espíritu a rondar la segunda parte de la novela, porque si no todavía estaría tratando de terminarla. Hay otros personajes de los cuales nunca logro desprenderme, porque vuelven disfrazados, por ejemplo Riad Halabí, el turco en *Eva Luna*. A menudo en mis historias hay personajes como él, con otros nombres y otras caras: un hombre derrotado por su propio buen corazón. ¿De dónde salió Riad Halabí? No conozco a nadie así, simplemente llegó a las páginas de *Eva Luna* con su labio de conejo, sus ojos levantinos y su traje café, vivo y real, y se apoderó de mí.

¿No conociste a nadie así en el Líbano?

No.

¿Y las protagonistas femeninas ¿no tienen rasgos comunes?

Sí, muchas de ellas, pero los hombres no. Esteban Trueba no se parece a Francisco Leal, ni éste a Riad Halabí o a Gregory Reeves.

Pero Francisco Leal se parece un poco a Rolf Carlé. Aunque no se parecen en el amor. En *De amor y de*

sombra Irene es todo para Francisco, él la ama con un amor totalizante y excluyente, apasionado y tierno, es el ideal romántico. Pero Rolf Carlé tiene a las primas rubicundas que rondan sus sueños con su aroma de canela y limón. Su amor por Eva Luna no es como el de Francisco por Irene. Francisco Leal es latino y Rolf Carlé es europeo, ¿crees que la diferencia en el compromiso amoroso se debe a aspectos culturales?

No, lo que pasa es que Francisco e Irene se aman en circunstancias trágicas, tienen siempre a la muerte encima, acechando. La calidad del amor está determinada por el peligro en que viven. No hay tiempo para frivolidades, sólo para lo trascendental, por eso se aman con esa urgencia y ese afán totalizante, como los protagonistas de *¿Por quién doblan las campanas?*, de Hemingway, por ejemplo.

Un libro terminado es un león muerto. ¿Pierdes interés cuando el libro se publica?

Se me olvidan los personajes, el tema. Años después viene la gente a preguntarme detalles y no sé de qué me están hablando. Apenas me acuerdo de los títulos de las novelas, pero de los cuentos ya no tengo idea.

¿En qué condiciones te gusta escribir? Háblame del método y del oficio.

He podido escribir de cualquier manera, según la necesidad. Es como la calentura del amor, si no queda más remedio uno lo hace detrás de las puertas. Buena parte del texto de *Paula* está escrito a mano en el hospital o el hotel. Los *Cuentos de Eva Luna* los escribí en papel a rayas a hurtadillas entre la pieza y la oficina de Willie, porque no tenía una habitación propia, como dice Virginia Wolf. *La casa de los espíritus* fue haciéndose noche a noche sobre la mesa de la cocina. El ideal es escribir en mi cuchitril, rodeada de las fotografías de los seres que amo y los espíritus benéficos que siempre me acompañan, con una vela encendida para llamar la luz, con flores frescas de mi jardín, en completa soledad y en silencio. Pero podría prescindir de todo eso. Lo más importante es el silencio.

¿Te gusta la música de fondo? Ahora eso está de moda, la gente la necesita en restaurantes, tiendas, ascensores.

En general me molesta. El ruido es para mí la peor forma de polución. El silencio es fecundo y generoso… Un lujo cada vez más difícil de obtener.

Marta Traba ordenaba los armarios de ropa blanca incansablemente, para postergar el momento de comenzar a escribir. García Márquez se pone un mameluco y arregla los enchufes de la casa, o pinta las puertas de verde. ¿Qué haces tú antes del 8 de enero, cuando sabes que tienes que empezar a trabajar en otro libro?

Limpio y ordeno el espacio donde voy a escribir. Saco todo lo referente al libro anterior y coloco a mi alrededor lo que necesitaré para el nuevo proyecto. Me molesta mucho el desorden. Reviso los cajones, los archivos, los armarios, las estanterías de libros y cuando tengo todo listo, ya no hay más disculpas y no me queda más remedio que sentarme a escribir. Por eso tengo una fecha para comenzar: el 8 de enero. Así no puedo pos-

tergarlo para siempre. Empezar un libro siempre da miedo porque es un viaje sin mapa.

¿Eres productiva? ¿Cuánto escribes en un día, por ejemplo?

Menos y menos, me he puesto muy crítica de mi trabajo, hago muchos borradores, corrijo hasta que me
gana la página por puro cansancio. No me faltan ideas,
las historias vienen como torrentes, pero contarlas lim-
piamente es una tremenda tarea.

¿Es como una reserva inagotable que tienes tapada y el 8 de enero levantas la tapa y la dejas salir?

La única vez que me he sentido vacía fue después de
escribir *Paula*. Las reservas se habían agotado, estaba seca
por dentro y sentía que mi vida carecía de sentido. Quería
morir. Me asustaba ese silencio estéril, esa ausencia de voces interiores, de imágenes, de cuentos. Siempre he creí-
do que el aire está lleno de historias y mi oficio es afinar
el oído para escucharlas, pero me había vuelto sorda.

Parece que todos los escritores pasan por períodos en blanco, es inevitable. ¿Cómo saliste del tuyo?

Cuando comprendí que para la ficción estaba blo-
queada, me lancé a escribir *Afrodita*. En ese tema podía
moverme con seguridad, era cuestión de investigar, de
leer, incluso de cocinar. Mi madre vino a vivir conmigo
por dos meses y nos dedicamos a probar las recetas de
cocina que figuran en el libro. Mi casa olía a paraíso…
Un sueño me sacó de esa parálisis que sentía frente a

la ficción. Anoto los sueños que me parecen significativos, porque me ayudan a entender mi realidad y a tomar resoluciones. *Paula* trajo una avalancha de cartas de los lectores; el correo me mantuvo ocupada por cerca de dos años. Un día soñé que del corazón del continente sudamericano salían cuatro indios llevando en una angarilla una caja grande de regalo para el Conquistador. El hombre esperaba impaciente. Su mano enguantada —que era también la mano mía— escribía en letra cursiva: *si abres la caja serás herido por una herida invisible por donde se te irá la vida en hilos de palabras.* Entretanto los indios cruzaban sierras, montañas, selvas, ríos, y por dondequiera que pasaran el mundo se iba quedando callado. Y veía pájaros multicolores moviendo los picos, pero no se oía su piar; veía aguas tormentosas, pero no se oía su rugido; la selva, los pueblos, todo estaba mudo. El regalo para el Conquistador devoraba los ruidos del mundo, se tragaba las palabras. ¿Qué contenía la caja misteriosa?, ¿una joven bellísima?, ¿oro, diamantes?, ¿un cántaro del agua sagrada de la eterna juventud? No supe el significado del sueño y no quise ensuciarlo con teorías psicoanalíticas, pero decidí que debía ir al corazón del continente en busca de la caja.

¿Y por eso te fuiste al Amazonas?

Sí. Me tomó un año planear el viaje y finalmente en 1996 pude hacerlo. No es el caso contarte ahora esa aventura, basta decir que nadé desnuda en el río Negro infectado de pirañas, comí cocodrilo asado y puerco espín hervido, dormí con un mono araña y vi cómo mataban a un hombre a mis pies. Le dieron cinco tiros en la cabeza... No encontré a los cuatro indios con la caja voraz que contenía todos los sonidos y las historias, pero cuando volví a mi casa traía ese vasto planeta del agua, verde y caliente, dentro de mí, como un tesoro. El 8 de enero de 1997 el largo silencio del duelo terminó y pude empezar a escribir ficción de nuevo. Ese día encendí mi computadora y escribí la primera frase de una historia que nada tiene que ver con indios, con el Amazonas o con un conquistador.

¿Por qué piensas que el sueño determinó la escritura?

Tal vez la interpretación sería que yo iba dentro de esa caja viajando a través de un territorio hostil y peligroso, como el territorio de la muerte donde me quedé con Paula. Estaba encerrada en una caja oscura, en silencio, me llevaban en andas y yo nada controlaba. Pero no estaba totalmente inactiva: iba absorbiendo los sonidos del mundo, las palabras, las historias, alimentando mis reservas. Tal vez el Conquistador representaba el momento en que yo podría conquistar nuevamente mi espacio en la palabra escrita, ¿no era ése el mensaje de su mano enguantada escribiendo una advertencia de que se me iría la vida en hilos de palabras? No lo sé, Celia, cualquiera que sea la explicación, el sueño me instigó a viajar y el viaje me inspiró a escribir.

¿Quiénes te han ayudado en el aspecto artesanal de la literatura, a llegar al oficio de escritora?

Nadie. Nunca tuve clases de literatura, no he pertenecido a talleres literarios, no he trabajado con un editor que me acompañe en las dudas o me guíe. No pertenezco a clubes ni grupos literarios, en general ésas son cosas de hombres, las mujeres escritoras vivimos muy aisladas. Nadie comenta mi trabajo antes que sea publicado, excepto mi madre, cuyos comentarios son más humanos que literarios. Nadie me ha dado el tema, tampoco. Hay gente que me cuenta sus vidas o me escribe para darme temas, pero no me sirven, porque debo sentirlo dentro de mí, tiene que resonar como un eco con mi memoria, mis experiencias, mis emociones.

La creación literaria se «encarna» y luego viene el proceso doloroso de parirla.

El proceso no es doloroso, es siempre alegre, aunque el tema sea difícil y la escritura lenta y a veces agotadora. Cada libro es un viaje muy personal. ¿Por qué escojo esos personajes y no otros?, ¿por qué esa urgencia de contar esa historia y ninguna otra? Porque en el fondo estoy explorando un espacio en sombra del pasado, de la memoria, de mi carácter, de mi alma. En el laborioso ejercicio diario de la escritura ilumino esos rincones oscuros y, con un poco de suerte, logro entender algo mejor mi propia realidad.

Y finalmente, Isabel, ¿por qué escribes?

Supongo que la escritura es un intento por entender la confusión de la vida, por hacer el mundo más tolerable y, si es posible, cambiarlo. ¿Por qué escribo? Porque estoy llena de historias que me exigen ser contadas, porque las palabras me sofocan, porque me gusta y lo necesito, porque si no escribo se me seca el alma y me muero.

Cronología

1942   Isabel Allende nace en Lima, Perú, donde su padre,
            Tomás Allende, primo hermano de Salvador Allen-
            de, es funcionario diplomático de Chile. Su madre,
            Francisca Llona, «doña Panchita», es hija de Isabel
            Barros Moreira y Agustín Llona Cuevas.
1945   Doña Panchita anula su matrimonio con Tomás
            Allende y regresa a Chile con sus tres niños pe-
            queños a vivir en la casa de su padre en Santiago,
            donde los tres niños crecen al cuidado de su ma-
            dre y del abuelo.
1953-1958   Doña Panchita se une a Ramón Huidobro, el «tío
            Ramón», diplomático de carrera, destinado a Bo-
            livia y a Beirut. En Bolivia, Isabel asiste a una es-
            cuela privada norteamericana y en Beirut a una
            escuela privada inglesa.
1958   Isabel regresa a Chile a raíz de la crisis del canal
            de Suez para terminar sus estudios secundarios.
            Conoce a su futuro esposo, Miguel Frías, estu-
            diante de ingeniería.
1959-1965   Isabel trabaja para la FAO (Food and Agriculture
            Organization) de las Naciones Unidas en Santiago.
1962   Isabel se casa con Miguel Frías.
1963   Nace su hija Paula.
1964-1965   Viaja por toda Europa; vive en Bruselas y en Sui-
            za con su marido y su hija.
1966   Regresa a Chile y nace su hijo Nicolás.
1967-1974   Escribe para la revista *Paula*. Forma parte del
            primer equipo editorial. Está a cargo de la co-
            lumna de humor «Los impertinentes».
1973-1974   Colabora en la revista para niños *Mampato*, San-
            tiago. Dirige la revista *Mampato* brevemente. Pu-
            blica dos cuentos para niños, *La abuela Panchita*
            y *Lauchas y lauchones,* y una recopilación de ar-
            tículos, «Civilice a su troglodita».
1970   Salvador Allende es elegido primer presidente so-

cialista de Chile. El padrastro de Isabel, Ramón Huidobro es nombrado embajador en Argentina.

1970-1975 Isabel trabaja en los Canales 13 y 7 de la televisión de Santiago; tiene un programa de humor y otro de entrevistas. Sus programas llegan a alcanzar gran popularidad.

1973 Su obra de teatro *El embajador* se representa en Santiago.

Golpe de Estado del 11 de septiembre encabezado por el general Augusto Pinochet Ugarte. Salvador Allende muere; se sospecha que fue asesinado. El gobierno militar divulga que se suicidó.

1975 Isabel y su familia se trasladan a Venezuela.

Permanecen allí durante trece años debido a la amenaza de la dictadura en Chile. Colabora con *El Nacional*, periódico de Caracas.

1978 Separación temporal de Miguel Frías. Vive en España durante dos meses.

1979-1982 Trabaja de administradora del Colegio Marroco, escuela secundaria de Caracas.

1981 Al recibir la noticia de que su abuelo de 99 años de edad se está muriendo, comienza a escribirle una carta que se convertirá en el manuscrito de *La casa de los espíritus*.

1982 Se publica *La casa de los espíritus*, Plaza y Janés, Barcelona.

1984 Se publica *La gorda de porcelana*, Alfaguara, Madrid, novela breve de humor escrita en 1974 y entregada a la imprenta en 1975.

Se publica *De amor y de sombra*, Plaza y Janés.

1985 Traducción al inglés de *La casa de los espíritus*, Editorial Knopf; traductora, Magda Bogin.

1987 Se divorcia de Miguel Frías. Se publica *Eva Luna*, Plaza y Janés; se publica en inglés por Knopf, traducida por Margaret Sayers Peden, traductora de las demás obras de Isabel. Primer encuentro con Willie Gordon en San José, California.

1988 Se casa con Willie Gordon el 7 de julio en San Francisco. Residen en San Rafael, California, hasta el presente.

1989   Se publica *Cuentos de Eva Luna*, Plaza y Janés.

1990   Se establece de nuevo la democracia en Chile.
            Patricio Aylwin es elegido presidente. Isabel re-
            gresa después de quince años de ausencia para
            recibir el Premio Gabriela Mistral de manos del
            mismo presidente.

1991   Se publica *Cuentos de Eva Luna* en inglés. Paula
            sufre un ataque de porfiria y entra en coma el 6
            de diciembre en Madrid cuando Isabel presenta
            El plan infinito, publicado por Plaza y Janés.

1992   Paula muere en San Rafael en la casa de Isabel
            y Willie el 6 de diciembre.

1993   Se publica *El plan infinito* en inglés. Se pone en
            escena *La casa de los espíritus* en Londres en agos-
            to. El 22 de octubre se estrena en Múnich la pelí-
            cula *La casa de los espíritus,* producida por Bernd
            Eichinger y dirigida por Billie August, con el si-
            guiente elenco: Wynnona Ryder, Vanessa Red-
            grave, Meryl Streep, Glenn Close, Jeremy Irons y
            Antonio Banderas.

1994   Se publica *Paula* en español, Plaza y Janés, en ale-
            mán y holandés con el subtítulo «novela», y en
            inglés. *De amor y de sombra* pasa a la pantalla di-
            rigida por Betty Kaplan, y Antonio Banderas como
            primer actor.

1997   Se publica *Afrodita*, Plaza y Janés.

1998   Aparece *Afrodita* en italiano en enero y en inglés
            en marzo.
            Se la distingue con el Premio Dorothy and Li-
            llian Gish, concedido por haber «contribuido a
            la belleza del mundo». El premio de 200.000 dó-
            lares será otorgado durante una ceremonia en
            Nueva York, coronando una larga lista de pre-
            mios internacionales en su carrera.
            Actualmente Isabel Allende trabaja en otra novela.